“十三五”国家重点出版物出版规划项目
“认识中国·了解中国”书系

当代中国政治

Contemporary China's Politics

许耀桐 著

中国人民大学出版社
·北京·

导　论

世人都惊诧于中国在最近40年里经济的飞速发展。2010年中国的国内生产总值（GDP）达到39.79万亿元，约合6.04万亿美元，超过日本的5.4万亿美元，成为仅次于美国的世界第二大经济体。2017年中国的GDP达到82.71万亿元，合12.2万亿美元，与美国的差距不断缩小。对于中国经济的飞速发展，人们自然有理由把它看成是一个奇迹，但是，这个经济发展的奇迹绝不是孤立的、片面的、单一的发展奇迹。如果说中国的经济发展本身是一个“谜”的话，那么这个谜底的破解不单在于经济本身，而恰恰需要从政治方面获取“密码”。《当代中国政治》这本书，立足于中国的国情，围绕政治的基本问题，阐述了当代中国的政治体制和政治改革、政治的领导核心、政治的主要制度以及政治发展的方向和目标，展示了当代中国的政治文明建设和独具特色的政治优势。可以说，通过这本书，能够了解与把握当代中国的政治格局，为全面、深入地认识中国，包括认识中国的经济发展，提供一个重要的观察视域。

作为本书开篇的导论，有必要先就政治是什么、中国的国家建构与发展、中国特色社会主义的形成、马克思主义的政治观、当代中国政治发展的焦点和目标等若干重大的理论问题作出探讨，以便于读者更好地阅读和理解本书。

一、“政治”是什么?

在中国,“政治”这个词早在两千多年前就为先秦诸子所使用。例如,《尚书》中有“道洽政治,泽润民生”,《周礼》中有“掌其政治禁令”。显而易见,在中国的传统文化中,政治即意味着治国理政、造福于民。

在古代中国,对政治的理解,多半把“政”与“治”分开阐释并分别使用。“政”的含义主要有四种,一是指国家的权力、制度、法令,如“政者,制也”“启以商政,疆以周索”“夏有乱政,而作《禹刑》”;二是指国家治理的一种手段,如“礼、乐、刑、政,其极一也”;三是指统治者的修养和教化,如孔子曰“政者,正也。子帅以正,孰敢不正?”;四是指君主和大臣们的治理活动,如《宋史·欧阳修传》载:“其在政府”,“同心辅政”。“治”的含义主要有两种,一是指治理国家、统治人民的管理活动,如“修身、齐家、治国、平天下”“安上治民,莫善于礼”,这与“政”有着相同的含义;二是指与动乱相对的安定的状态,如“天下兼相爱则治,交相恶则乱”。把“政”与“治”合用,就全面、充分地体现了上述这些基本含义。

在西方,“政治”的英文为“politics”,起源于希腊语的“polis”(“波里”),其意为“城邦”。公元前8—前6世纪,政治思想随着城邦制度的产生而逐渐形成。古希腊时期,城邦是一个以城市为中心,包括卫城、市区以及附近数公里之内的若干乡村组成的经济、政治、文化的社会实体,是最早的一种国家形式。古希腊的雅典,每当商议公务时,公民就集合于城邦的卫城中,对公共事务做出共同的决定。政治,是人类社会普遍的一项活动。人的社会性决定了人与政治活动息息相关,人可以说是天生的“政治人”。因此,政治从一开始就是指有关国家的治理、参与、决定等公共活动及其活动程序。柏拉图、亚里士多德等古希腊思想家都频繁地使用了政治的概念。公元前386年,柏拉图写了《国家篇》(通译为《理想国》),以后又写了《政治家篇》，研究国家、统治者、社会分工和等级关系等政治问题。公元前 326 年，亚里士多德写成《政治学》一书，标志着政治作为一门独立的科学诞生了。从城邦的结构和意义出发，亚里士多德认为，政治是对城邦进行的治理和管理。这种治理和管理，也意味着是公民对城邦事务的权力，因为，城邦乃是“一个公民集团”①。

由上可知，无论是中国还是外国，从一般的意义讲，政治就是国家公共事务治理的思想理论、制度机制以及实践活动。政治具有鲜明的公共性和公权力，诚如近代中国民主主义革命家孙中山所说：“政治两字的意思，浅而言之，政就是众人的事，治就是管理，管理众人的事便是政治。”② 可以说，政治乃是用公共的权力对众人之事进行治理。这通俗地解释说明了，政治固然与国家治理密切相关，但归根到底必须为了人民，有益于人民，也要服从于人民。

二、中国的国家建构与发展

中国是一个古老、文明的国家，有文字记载的历史就有 5 000 多年。在经历了史前阶段和夏、商、西周等王朝以及春秋、战国时期之后，秦朝于公元前 221 年建立，形成了中国第一个统一的、多民族的、中央集权式的封建帝制国家。秦朝奠定了中国封建国家的基础格局，为以后的汉、唐、宋、明、清等历朝历代所承袭。

1840 年爆发了鸦片战争，在西方列强的侵略下，封建的中国逐渐沦为半殖民地半封建国家。1911 年孙中山先生和中国同盟会等组织领导的辛亥革命，推翻了清王朝，废除了封建帝制，建立了中华民国，但帝国主义势力竭力诱胁革命力量向湖广总督、内阁总理大臣袁世凯妥协。在内外胁迫下，革命势力作出让步，孙中山发表声明，表示只要清帝退位，袁世凯赞成共和，即举袁世凯当大总统。革命势力

---

① 亚里士多德．政治学．北京：商务印书馆，1965：113.

② 孙中山．孙中山选集：下．北京：人民出版社，1981：661.

对袁世凯的妥协退让，终于导致了辛亥革命的失败。辛亥革命没有完成反帝、反封建的任务，没有改变中国半殖民地半封建社会的性质，也没有真正实现国家的统一，国家仍处于军阀割据和混战的分裂状态。

1921 年，中国诞生了共产党。中国共产党的成立离不开“五四运动”。1919 年 5 月 4 日下午，北京大学等学校的三千多名学生纷纷来到天安门广场。他们手拿各色各样的旗子、标语牌，抗议当时卖国的北洋政府。北洋政府派出大队军警，逮捕学生和市民。学生们的正义斗争获得了社会各阶层群众的广泛同情，社会各界对政府当局纷纷提出抗议。5 月 7 日，北京、天津、上海、南京、武汉、长沙、广州、重庆等地学生都举行了大规模的集会和游行示威，运动在全国范围内迅速传播开来。“五四运动”以后，先进的知识分子纷纷创办刊物，编辑书籍，组织进步团体，传播马克思列宁主义，宣传救国救民的新思想。随着“五四运动”的发展，马列主义在中国得到更广泛的传播，并与中国工人运动结合起来，为共产党的建立作了思想和干部上的准备。1920 年 8 月，中国共产党上海发起组在上海成立。1921 年 7 月 23 日，中国共产党第一次全国代表大会在上海召开，中国共产党宣告成立，这是中华民族发展史上开天辟地的大事变，中国掀开了壮丽的画卷。从此，中国共产党领导人民进行了艰苦卓绝的新民主主义革命，在经历了长期的武装斗争和其他形式的斗争后，于 1949 年推翻了帝国主义、封建主义和官僚资本主义“三座大山”的统治，夺取了国家政权，建立了中华人民共和国，中国人民掌握了国家的权力，成为国家的主人。

中华人民共和国成立后，逐步实现了由新民主主义到社会主义的过渡，完成了生产资料私有制的社会主义改造，消灭了剥削阶级和剥削制度。1956 年，中国建立了社会主义制度，成为社会主义国家，走上了社会主义建设和发展的道路。经过 10 年的努力，经济建设取得了重大的成就，形成了独立的比较完整的工业体系和国民经济体系，农业生产显著提高，教育、科学、文化等事业有了很大的进步，积累了在中国这样一个社会生产力水平十分落后的东方大国进行社会主义建设的重要经验。但是，从总的方面说，中国社会主义建设是仿效了“苏联模式”即传统社会主义模式，经济上实行僵化的计划体制，政治上以阶级斗争为纲，思想文化上推行教条主义、搞说教化，助长了个人崇拜的盲从心理，导致了 1966 年“文化大革命”的发生，使国民经济和政治生活陷入困境。

1978 年，针对传统社会主义模式的根本弊端，中国开始实行改革开放，进入了新的发展时期。通过经济体制改革、政治体制改革、文化体制改革、社会体制改革和生态文明体制改革，以及打破闭关锁国，实行全方位、多层次的对外开放，有力地促进了社会生产力和各项事业的发展，形成了中国特色社会主义，综合国力不断增强，取得了举世瞩目的辉煌成就。

三、中国特色社会主义的形成

了解当代中国政治，一定要注意到现阶段进行的是中国特色社会主义的国家建设。那么，中国特色社会主义是怎么形成的呢？

1982 年，邓小平在党的十二大开幕词中提出：“把马克思主义的普遍真理同我国的具体实际结合起来，走自己的道路，建设有中国特色的社会主义，这就是我们总结长期历史经验得出的基本结论。”① 首次确立了“中国特色社会主义”的崭新命题。此后，在中国共产党从十三大到十九大历次全国代表大会的报告题目中，都出现了“中国特色社会主义”。如党的十三大：“沿着有中国特色的社会主义道路前进”；十四大：“夺取有中国特色社会主义事业更大的胜利”；十五大：“把建设有中国特色社会主义事业全面推向二十一世纪”；十六大：“开创中国特色社会主义事业新局面”；十七大：“高举中国特色社会主义伟大旗帜”；十八大：“坚定不移沿着中国特色社会主义道路前进”；十九大：“决胜全面建成小康社会，夺取新时代中国特色社会主

① 邓小平．邓小平文选：第 3 卷．北京：人民出版社，1993：3．

义伟大胜利”。

中国特色社会主义，既是中国向前发展的宏伟规划，也是中国要为之建立的一整套治国理政的政策大计。对于这样的宏伟规划和政策大计的论述，形成了中国特色社会主义理论体系。在 2013 年出版的《中国特色社会主义学习读本》中，系统论述了中国特色社会主义理论体系的基本内容，主要包括：中国特色社会主义的指导思想、发展方向，中国特色社会主义的总依据、总布局、总任务，中国特色社会主义的依靠力量、根本途径、内在要求、根本原则、本质属性、必然选择、领导核心。中国特色社会主义的发展，集中表现为改革开放、科学发展，进行社会主义市场经济、民主政治、先进文化、和谐社会、生态文明的“五位一体”建设，推动国防建设、祖国统一、和平发展和“中国梦”的实现。

从中国特色社会主义理论体系的基本内容观察和认识当代中国政治，可以清晰地看到它决定了当代中国政治的脉络走向，确立了基本的政治方略。

首先，中国特色社会主义理论体系要求当代中国的政治选择是社会主义方向，要走中国特色社会主义政治发展道路。中国特色社会主义政治发展道路绝不允许搞“以阶级斗争为纲”，而是致力于建设富强、民主、文明、和谐、美丽的社会主义现代化国家。中国特色社会主义政治发展道路要求必须坚持四项基本原则和改革开放，是为了保证国家的经济建设、政治建设、文化建设、社会建设和生态文明建设，能够沿着正确的方向前进，避免滑向僵化保守的老路和改旗易帜的邪路。同时，中国特色社会主义政治发展道路也要求必须既要立足中国，又要面向世界，中国要以与时俱进的眼光看待世界，紧跟时代发展潮流，积极吸纳人类政治文明，大胆借鉴世界各国的成功经验，从而使中国特色社会主义政治发展道路既有着鲜明的时代特色，又有着鲜明的民族特色。

其次，中国特色社会主义理论体系要求当代中国的政治实践必须始终坚持人民主体地位，一切为了人民，一切依靠人民。人民群众是中国政治发展的主体，从中国特色社会主义事业的发展进程来看，人民群众切实担当起了国家主人的责任，通过民主选举选出自己的代表，依法积极参与管理国家事务和社会事务，充分行使自己的知情权、参与权、表达权、监督权，对经济、政治、文化、社会各项事业进行民主决策、民主管理、民主监督。人民是国家治理的主人，在依法治国中处于主体地位，起着主体作用。人民代表大会制度是保证人民当家作主的根本政治制度，人民通过法治的方式实现当家作主，人民以法治的方式治理国家，人民是依法治国的力量源泉。必须坚持法治建设为了人民、依靠人民、造福人民、保护人民，以保障人民根本权益为出发点和落脚点，保证人民依法享有广泛的权利和自由、承担应尽的义务，维护社会公平正义，促进共同富裕。必须保证人民依照法律规定，通过各种途径和形式管理国家事务，管理经济文化事业，管理社会事务。

再次，中国特色社会主义理论体系要求当代中国的政治核心问题是必须坚持中国共产党的领导，即以这样的政党作为国家政治活动的中心。政党被视为当代各国政治的枢纽点，中国共产党是国家宪法明文规定的唯一执政党，党政军民学，东西南北中，党是领导一切的，党在实际生活中居于领导地位并发挥巨大的社会作用。中国共产党以先进的马克思主义理论为指导思想，是以全心全意为人民服务为宗旨的政党，是以社会主义、共产主义为社会理想的政党，走中国特色社会主义道路和发展社会主义民主政治，是中国共产党的本质要求，是中国共产党的性质和历史使命的必然表现。事实证明：在当代中国新的时代条件下，开拓中国特色社会主义道路的是中国共产党，在中国社会主义事业继续发展中，坚持走中国特色社会主义道路，也决然离不开中国共产党。中国共产党的领导，是坚持走中国特色社会主义道路在政治上和组织上的坚强保证。

最后，中国特色社会主义理论体系要求当代中国构建健全完善的政治制度，使各方面制度更加成熟、更加定型。中国特色社会主义制度包含根本制度、基本制度和具体制度。它有一个根本制度，即人民代表大会制度。它有三个基本制度：一是中国共产党领导的多党合作和政治协商制度、民族区域自治制度以及基层群众自治制度等基本政治制度；二是中国特色社会主义法律体系；三是公有制为主体、多种所有制经济共同发展的基本经济制度。它有四个具体制度：经济体制、政治体制、文化体制、社会体制。坚持中国特色社会主义制度，就要把根本政治制度、基本政治制度同基本经济制度以及各方面体制机制等具体制度有机结合起来，坚持把国家层面民主制度同基层民主制度有机结合起来，坚持把党的领导、人民当家作主、依法治国有机结合起来。应该看到，中国特色社会主义制度是特色鲜明、富有效率的，但还需要不断完善，为夺取中国特色社会主义的胜利提供更加有效的制度保障。

四、依循马克思主义政治理论

观察和认识当代中国政治还要注意到一个显著特点，即当代中国政治是以马克思主义为根本指导思想的，依循着马克思主义的政治理论。马克思主义的创始人是马克思和恩格斯，马克思和恩格斯所阐发的马克思主义政治理论，构成当代中国政治的主流思潮。马克思主义政治理论从辩证唯物主义和历史唯物主义的世界观出发，科学揭示了政治的本质、特点及其发展的规律性。辩证唯物主义认为世界是物质的，物质是运动的，运动是有规律的，规律是可以被认识的。历史唯物主义认为社会存在决定社会意识，社会意识反作用于社会存在，生产力决定生产关系，而生产关系则反作用于生产力。社会的基本矛盾即生产力与生产关系、经济基础与上层建筑之间的矛盾运动推动着人类社会从低级到高级的发展，依次经过原始社会、奴隶社会、封建社会、资本主义社会，到达社会主义和共产主义社会。从这种世界观和历史观出发，马克思主义的政治理论认为：一方面，政治意识是对政治存在的反映，政治存在决定政治意识；另一方面，政治意识又能动地反作用于政治存在。马克思主义政治理论在实践中的发展，也包括了后来的列宁主义、毛泽东思想以及中国特色社会主义理论体系。马克思主义政治理论提出了以下主要的观点：

第一，政治是公共机构和对公共事务的管理。马克思、恩格斯指出："随着城市的出现也就需要有行政机关、警察、赋税等等，一句话，就是需要有公共的政治机构，也就是说需要一般政治。"① 公共的政治机构具有两种基本职能：一是在居民被划分为阶级的状态下，具有阶级统治的职能；二是具有管理社会公共事务的职能。诚如恩格斯所言："政治统治到处都是以执行某种社会职能为基础，而且政治统治只有在它执行了它的这种社会职能时才能持续下去。不管在波斯和印度兴起或衰落的专制政府有多少，它们中间每一个都十分清楚地知道自己首先是河谷灌溉的总的经营者，在那里，如果没有灌溉，农业是不可能进行的。"②公共政治机构如果不举办和管理像水利这样的公共工程、公共事务，那么阶级统治本身也就无法维持。在阶级统治职能消亡之后，公共政治机构仍会保留有管理社会公共事务的职能。这表明，政治是一种公共物品，它产生于社会和人们的普遍需要，政治活动将与人类社会相伴随，只要人类社会存在一天，就存在公共事务，就需要公共机构，所以也就需要政治。

第二，政治的核心是国家政权。在阶级社会里，公共政治机构表现为国家的形态。一个阶级要取得和保持、巩固自己的政治统治，就必须掌握国家政权，控制国家机器。列宁指出："政治中最本质的东西即国家政权的机构"③，国家是"关系全部政治的主要的和根本的问题"④。国家政权作为上层建筑的核心部分，是社会政治活动最集中的场所。在国家存在的情况下，一切政治活动、政治关系、政治现象都与国家政权有关，都是以国家政权的舞台为中心的。各种政治因素，如阶级、政党、政治组织、政治斗争、政治革命、政治妥协，也都是围绕国家政权展开的。取得统治地位的阶级，也只有通

① 马克思，恩格斯．马克思恩格斯全集：第3卷．北京：人民出版社，1960：57.
② 马克思，恩格斯．马克思恩格斯全集：第20卷．北京：人民出版社，1971：195.
③ 列宁．列宁选集：第2卷．北京：人民出版社，1995：323.
④ 列宁．列宁全集：第4卷．北京：人民出版社，1956：429.

过国家政权才得以系统地推行本阶级的政治。因此，列宁指出："政治就是参与**国家**事务，给国家定方向，确定国家活动的形式、任务和内容。"① 由此可见，国家活动的内容、形式、过程，构成政治的中心。

第三，政治是经济的集中表现。政治与经济密切相关，政治以经济为基础，反过来也服务于经济。马克思主义认为，政治根源于物质的生产关系，政治关系归根到底是由一定社会的具体的经济关系所决定的，"以一定的方式进行生产活动的一定的个人，发生一定的社会关系和政治关系"②。"物质生活的生产方式制约着整个社会生活、政治生活和精神生活的过程。"③ 这就是说，有什么样的经济关系就有什么样的政治关系。但是，政治关系并非消极地反映经济关系，而是具有巨大的积极、能动的反作用，即列宁所说的"政治是经济的集中表现"④。所谓集中表现，就是指政治反映了经济关系中统治阶级或被统治阶级的根本利益。要解决根本的经济关系和经济问题，不能只着眼于经济本身，而有赖于从政治上加以解决。在阶级社会里，要想解决工人阶级和劳动人民的根本经济利益问题，只有走开展阶级斗争、夺取和执掌国家政权的政治之路。因此，列宁说："政治同经济相比不能不占首位。……一个阶级如果不从政治上正确地看问题，就不能维持它的统治。"⑤ 在社会主义社会里，经济文化建设事业以及反映人民群众根本利益的问题，经济基础和上层建筑之间不相适应的问题，也要在国家的宏观政策指导下进行，通过政治体制改革进行。

第四，政治的关键在于制度。制度作为上层建筑，是建立在一定的经济基础之上的。马克思主义的历史唯物主义指出，推动社会前进的动力是生产力和生产关系、经济基础和上层建筑之间的矛盾运动。

---

① 列宁．列宁全集：第 31 卷．北京：人民出版社，1985：128.
② 马克思，恩格斯．马克思恩格斯选集：第 1 卷．北京：人民出版社，2012：151.
③ 马克思，恩格斯．马克思恩格斯选集：第 2 卷．北京：人民出版社，2012：2.
④ 列宁．列宁选集：第 4 卷．北京：人民出版社，1995：407.
⑤ 同④407-408.

生产力决定着生产关系，生产关系作为社会的经济基础又决定着上层建筑。有什么样的生产力，就有什么样的生产关系，从而也就有什么样的经济基础和上层建筑。生产力决定生产关系，经济基础决定上层建筑和文化意识形态。一个国家和社会的结构，主要划分为经济、政治、文化三大部分，并且建立了与其生产力和经济基础相适应的国家经济制度、政治制度和文化制度。历史唯物主义同时认为，作为国家上层建筑的经济制度、政治制度和文化制度，对经济基础和生产力具有反作用。代表着经济基础与生产力前进的根本要求和方向的国家上层建筑及其各项制度，能够有力地推动经济基础与生产力的发展。

第五，政治具有客观规律性。列宁指出："政治是一门科学，是一种艺术。"① 政治是一种客观的社会现象，它的产生、发展不是偶然的、盲目的，而是受社会物质生产条件的制约，有着自身客观的、固有的规律。通过社会实践，人们就能够不断地揭示、认识和掌握政治的客观规律。因此，政治是一门科学。由于政治涉及统治阶级的根本利益，以及社会生活、政治环境和政治形势的复杂性、变动性，人们在实践中运用政治的客观规律不可能千篇一律地套用现成的公式，这就需要分析形势，把握时机，因地制宜，因势利导，更加灵活、主动地运用政治规律，制定正确的战略、策略，以适应政治斗争的需要。因而，政治又是一种艺术。

五、当代中国政治发展的聚焦点及目标

认识和把握当代中国政治的发展，不能停留在纯学术的层面上，而要与中国的现实紧密结合，着力于解决中国存在的实际问题。这就要关注当代中国政治发展的聚焦点和目标问题。

当代中国政治发展的聚焦点是政治体制改革。这是因为，中国原有的政治体制来源于苏联政治体制模式。苏联政治体制模式的特点在于：领袖集权、个人专断；职务终身制、干部层层委任；党内和社会

① 列宁．列宁选集：第4卷．北京：人民出版社，1995：189.

缺乏民主、缺乏自由、权力不受制约监督。苏联政治体制模式的直接后果是，不能有效地运用民主方式选拔精英人才，致使平庸的人甚至是一些溜须拍马、心术不正的人占据了政治职位，以至于这套僵化的、死气沉沉的政治体制像一部锈死的机器，根本失去运转的机能。苏联在 20 世纪 80 年代中期启动政治体制改革，由于不是针对原有政治体制的弊端进行扎实有效的改革，终于导致了覆亡。这说明，苏联政治体制模式已经不适应现代社会的发展进程，它外强中干，弱不禁风，不符合进步的政治价值取向，在世界上更没有竞争力。这就给了我们一个警醒，不改革政治体制，迟早会酿成大祸。现在，中国正处于从传统社会向现代化社会发展的转型期。转型期就是改革期，必须进行政治体制改革，实现政治现代化。政治现代化的目标表现为“八化”，即政治民主化、政治法治化、政治分权化、政治公开化、政治参与化、政治监督化、政治决策科学化、政治管理效能化。当代中国政治的发展，已构成世界政治文明的一道亮丽风景。

中国政治体制改革的目标是“完善和发展中国特色社会主义制度，推进国家治理体系和治理能力现代化”，这也是当代中国政治发展要实现的目标所在。中国政治体制改革能否获得成功，取决于能否完善和发展中国特色社会主义的政治体制。这是因为，在中国的经济体制、政治体制、文化体制和社会体制改革的四者关系中，其政治体制代表着中国社会主义国家的性质和主要特征，同时具有保障中国社会主义国家实现稳定、团结、民主、和谐与长治久安的功能。自改革开放以来形成的当代中国政治体制，其总体特征是，坚持中国共产党的领导、人民当家作主和依法治国的有机统一。中国共产党的领导是人民当家作主和依法治国的根本保证，人民当家作主是社会主义国家的本质要求，依法治国是中国共产党领导人民治理国家的基本方略。中国共产党是中国特色社会主义事业的领导核心。中国共产党执政就是要领导和支持人民当家作主，最广泛地动员和组织人民群众依法管理国家和社会事务，管理经济和文化事业，维护和实现人民群众的根本利益，实现国家的繁荣昌盛和人民生活的幸福美满。

从根本上说，当代中国政治的发展与西方国家的政治发展完全不同，当代中国建立和逐步完善的政治体制，与西方国家以及其他国家不同，它是社会主义性质的政治体制和政治制度。当代中国的政治体制和政治制度，把马克思主义的基本原理同中国具体的政治实践结合起来，具有鲜明的中国社会主义特色。在中华人民共和国 60 多年的发展史中，当代中国的政治体制和政治制度不断创制、不断巩固和不断成熟，其间虽然也发生了这样那样的问题，走过了曲折坎坷的历程，但是，总体上它们适应了生产力和经济基础发展的需要，发挥了积极作用，迅速改变了中国贫穷落后的面貌，使中国成为一个伟大的社会主义国家。因此，当代中国的政治体制和政治制度得到了人民群众的赞成和拥护，充分体现了社会主义制度的优越性。

目　录

Contemporary China's Politics

Contemporary China's Politics

第一章

政治体制改革

1 政治体制改革

当代中国处在转型期，从传统社会主义转向现代社会主义即中国特色社会主义。处在这样的转型期内，改革成为当代中国最鲜明的特征和激昂的主旋律。当代中国的改革涉及六个方面，即：紧紧围绕使市场在资源配置中起决定性作用深化经济体制改革；紧紧围绕坚持党的领导、人民当家作主、依法治国有机统一深化政治体制改革；紧紧围绕建设社会主义核心价值体系、社会主义文化强国深化文化体制改革；紧紧围绕更好地保障和改善民生、促进社会公平正义深化社会体制改革；紧紧围绕建设美丽中国深化生态文明体制改革；紧紧围绕提高科学执政、民主执政、依法执政水平深化党的建设制度改革。在六大体制改革中，包含积极推进政治体制改革，发展社会主义民主政治。它为中国实现富强民主文明和谐美丽的社会主义现代化强国，确立制度性的根本保障。

第一节　政治体制改革的科学含义

论及中国的政治体制改革，首先要弄清楚这个概念的科学含义，这对于在实践中推进政治体制改革，十分重要和必要。

一、政治体制：相对于国家体制的内涵

政治体制是相对于国家体制而言的，表现为政体和国体的关系。国家，包含国体和政体两个基本问题。国家体制，即国体，是指社会各阶级、各阶层在国家中所居的地位状况，由此体现国家的类型和根本性质；政治体制，即政体，是指政权的组织、构成形式，是国家体制的表现形式。一般而言，政治体制与国家体制的关系在于，什么样的国家体制决定什么样的政治体制，政治体制形式必须从属和适应于国家的根本政治性质。但是，政治体制也具有相对的独立性，相同政治性质的国家体制会有不同的政治体制，不同政治性质的国家体制则会有相同的政治体制。概言之，政治体制不仅受到国家政治性质的影

响，而且受到本国的习俗、文化和传统的深刻影响，具有灵活、可变、多样的特点。政治体制的文明进步，在于能够不断地进行改革、调整，使其不至于保守、僵化、落伍，能够充分地体现国家治理的民主、公平、效率的精神。

政治体制所涉及的范围相当广泛，主要包括三个方面内容：一是政权组织形式；二是政权结构形式；三是政权运行规则。

1. 政权组织形式

早在两千多年前，西方学者就重视对政体的分析。古希腊时期雅典城邦的亚里士多德，将政体按照不同的标准分成正体和变体两类共六种。凡统治者为全邦谋利益的是正体，当统治者为一个人的时候，称作“君主政体”；当由少数人统治的时候，称作“贵族政体”；当由多数人统治的时候，称作“共和政体”。凡统治者为个人谋私利的是变体，一人统治称作“僭主政体”，这是“君主政体”的蜕变形式；少数人统治称作“寡头政体”，这是“贵族政体”的蜕变形式；多数人统治称作“平民政体”，这是“共和政体”的蜕变形式。亚里士多德认为，在三种正宗的政体中，现实的政治生活不适宜采用君主政体，因为君主政体一旦蜕变就会成为最坏的政体形式，即僭主政体。他倾向于在政治生活中采用贵族制和共和制相结合的混合政体。

中世纪时期的托马斯·阿奎那根据国家的目的将政体分为两大类：(1) 国家的目的是为了维护全社会的公共利益，那么该政体就是正义的。根据统治者人数的多少，正义政体又可以分为君主制、贵族制和共和制。(2) 国家的目的只是维护统治者的自身利益，那么该政体就是非正义的。非正义的政体又可以分为暴君制、寡头制和民主制。阿奎那认为现实政治生活中最好的政体应该是结合君主制、贵族制和共和制三者优点而形成的混合政体。在这种制度下，权力并非全部集中在君主手中，由人民选举产生的官吏可以制约君主的权力。人民也有权对暴政进行反抗，但是，在反抗时有责任减少对公益可能造成的损害。

文艺复兴时期的马基雅维利将政体分为六类：君主政体、贵族政体和民主政体，以及它们的变种专制政体、寡头政体和暴民政体。马基雅维利认为这六种政体的好坏没有绝对的标准，一切都适应时代的需要。不同的国家需要不同的政体，不同的时代背景、不同的民族，必须有不同的政治组织形式。

从 17 世纪开始，启蒙思想家以“天赋人权”和社会契约论为理论武器，冲击了封建时代的王权和神权，为欧洲资产阶级革命奠定了思想基础。启蒙思想家将政体区分成三种主要类型，即君主政体、共和政体和专制政体。君主政体指的是由一人单独执政，同时遵守既有法律的政体；共和政体指的是全体人民或者仅仅一部分人掌握最高权力的政体；专制政体则是无视法律和贵族，由单独一人按照其主观意志领导国家。自近代西方资产阶级革命以来，主要形成了三种政治体制：君主制，即以世袭或者推选产生的君主为国家元首，并终身任职，但不具体负责国家事务管理；共和制，即国家最高权力机关和国家元首由民主选举产生、权力受到制约并有一定任期；委员会制，即由议会选举产生政府委员会，集体行使政府权力。

19 世纪 40 年代马克思主义诞生后，马克思、恩格斯主张未来社会主义国家必须实行共和制而非君主制；必须实行民主共和制而非贵族共和制。恩格斯曾经明确地指出，“如果说有什么是勿庸置疑的，那就是，我们的党和工人阶级只有在民主共和国这种政治形式下，才能取得统治。”[①] 但马克思主义也认为，社会主义国家由于各国具体情况不同，肯定会出现各种各样的政体形式。社会主义国家成为现实后，主要形成了以下三种政权组织形式：第一，巴黎公社。1871 年巴黎无产阶级所建立的巴黎公社，是社会主义共和政体的一个尝试，其主要特点在于：（1）实行普遍的直接选举。不仅作为公社权力机构的公社委员会，而且国民自卫军的基层军官、企

① 马克思，恩格斯. 马克思恩格斯全集：第 22 卷. 北京：人民出版社，1965：274.

业单位的各级负责人也都是直接选举产生的。（2）公社的一切管理人员都是直接向选民负责，接受选民的监督，并且随时都可以撤换。国家公职人员实行轮流担任的制度。（3）公社委员会是最高权力机关，统一行使立法权和行政权。（4）废除常备军，废除旧式的警察和官吏，法官和警察由选民选举产生，取消公职人员的高薪制度。第二，苏维埃制。1917 年俄国十月革命胜利后建立了世界上第一个社会主义国家，其政体被称为苏维埃制，主要特点在于：（1）苏维埃代表大会是最高权力机关，其他一切国家机关都由它产生，由它授权并对其负责。（2）最高苏维埃设立主席团，作为常设机构。（3）苏维埃的代表由人民选举和撤换，对人民负责。第三，人民代表大会制。中国的人民代表大会制是中华人民共和国的政权组织形式，其主要特点在于：（1）人民代表大会是国家最高权力机关，其成员由人民民主选举产生，并接受人民监督。（2）政府、司法机关由人民代表大会产生，对人民代表大会负责并接受其监督。（3）人民代表大会实行民主集中制原则，议事规则为少数服从多数，各级人民代表大会在其范围内行使职权，下级人民代表大会服从上级人民代表大会通过的决议和命令。

综上所述，世界上各国的政权组织形式，如图 1-1 所示。

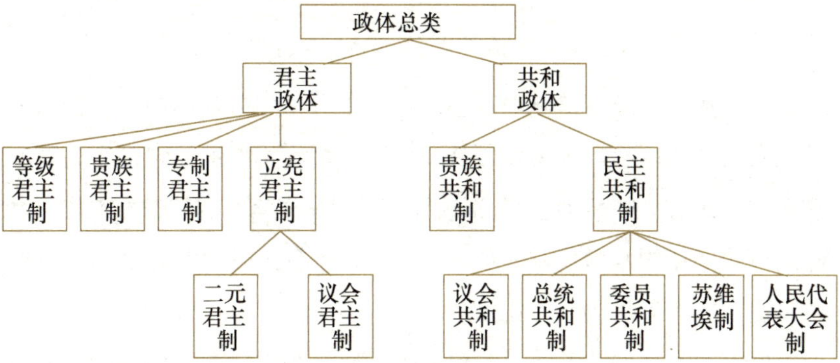

图 1-1　世界各国的政权组织形式

2. 政权结构形式

政权结构形式是指国家政权整体和局部之间、中央政权和地方政权的相互关系的形式。国家结构形式主要分为单一制和复合制两大类。单一制是由若干行政区域构成的单一主权国家的结构形式；复合制是由几个国家或者具有相对独立性的区域按照协议组成各种国家联盟的形式。复合制又可以分为联邦、邦联、君合国和政合国等形式，但最常见、最稳定的是联邦制。

3. 政权运行规则

政权运行规则是指国家为了行使政治权力而建立的规范。这样的规范，有的表现为对立的选择，例如，使用的是民主的规则还是专制的规则；有的是在不同适用范围内分别使用的选择，例如，是采用强制、命令的方法还是采用协商、说服的方法。

综上所述，政治体制的三个方面，无论是政权组织形式、政权结构形式还是政权运行规则，都要用制度加以规定。由此可见，政治体制就是国家政权的组织方式、管理方式和领导方式等所构成的系统化的政治制度体系。

二、政治体制：涉及政治制度的内涵

从上述关于政治体制的论述和定义中可知，政治体制与政治制度联系紧密，实际上，政治体制就是由政治制度构成的，它是有关国家政权的组织方式、管理方式和领导方式的一整套政治制度体系。因此，所谓的中国政治体制改革，就是对政治制度的改革，就是针对那些不适宜、有弊端的政治制度的改革。

既然政治体制改革涉及政治制度本身，那么，当代中国的政治制度是怎样的一种情况呢？制度，可以分为宏观的、中观的和微观的不同层级。以当代中国的政治制度为例，与宏观、中观和微观相对应，可以分为根本制度、基本制度和具体制度三个层次。中国的根本政治制度是人民代表大会制度；基本政治制度有中国共产党领导的多党合作和政治协商制度、民族区域自治制度、基层群众自治制度等；具体政治制度则有选举制度、决策制度、监督制度、政务公开制度、协商民主制度等。根本制度、基本制度、具体制度这三个层级，构成了当代中国政治制度的系统结构。

在政治制度的系统结构中，根本制度，指的是方向性、总体性的规范制度；基本制度，指的是原则性、基础性的规范制度；具体制度，指的是细节性、常规性的规范制度。从总的情况来看，当代中国政治制度的根本制度和基本制度是好的，政治体制改革针对的当然主要不是根本政治制度、基本政治制度，而是改革具有很大弊端的具体政治制度。

早在改革开放之初，邓小平就注意到根本制度、基本制度与具体制度之间的联系和区别。他指出："社会主义制度和资本主义制度哪个好？当然是社会主义制度好。"① "尽管这个制度还不完善"，但是它"将一天天完善起来"，"成为世界上最好的制度。这是资本主义所绝对不可能做到的"②。这说明，政治体制改革针对的不是"社会主义制度"，即政治的根本制度、基本制度。对于根本制度、基本制度，如人民代表大会制度、中国共产党领导的多党合作和政治协商制度，改革的任务不是完全否定它、推翻它，而是进一步完善它、巩固它。当然，像人民代表大会制度、中国共产党领导的多党合作和政治协商制度这样的根本制度、基本制度也可以进行改革，那是因为，这样的根本制度、基本制度往往表现为一个制度大系统，它本身也含有很多的具体制度，如果说提出人民代表大会制度、中国共产党领导的多党合作和政治协商制度要进行改革，那就是为了改革其中的具体制度。总之，政治体制改革针对的主要是政治制度中的具体制度。政治制度中的具体制度存在很多弊端，对具体制度可以推倒旧的，进行全面的创新。

---

① 邓小平. 邓小平文选：第2卷. 北京：人民出版社，1994：167.
② 同①337.

政治体制改革针对的是具体的政治制度，这并非无关紧要、意义不大。具体制度和根本制度、基本制度是相联系的。根本制度和基本制度好，必然要求具体制度好；具体制度不好，也会妨碍到根本制度和基本制度的发挥。邓小平说："党和国家现行的一些具体制度中，还存在不少的弊端，妨碍甚至严重妨碍社会主义优越性的发挥。如不认真改革，就很难适应现代化建设的迫切需要，我们就要严重地脱离广大群众。"① 为了完善根本制度、基本制度，必须改革具体制度；只有改革具体制度，才能完善根本制度、基本制度。

把政治制度区分为根本制度、基本制度和具体制度，对于指导政治体制改革的实践具有特别重要的意义。它从根本上改变了长期以来人们把政治制度不加区别、混为一谈的思维定式，纠正了把改革具体政治制度看成是破坏、摧毁社会主义根本政治制度、基本政治制度的极左的错误思想观念。过去，极左思潮一方面把人们对某一具体规章制度的不满和要求变革的呼声，当作是反党、反社会主义的言论，扭曲、压抑了人民群众改革具体制度的积极性；另一方面又把具体制度上存在的弊端，错误地认定为整个国家的根本制度、基本制度出了问题，终致酿成"文化大革命"这样的悲剧。现在人们明确了根本制度、基本制度和具体制度之间的相互关系，就不再认为改革具体政治制度、推进政治体制改革，会动摇、削弱国家的根本和基本的政治制度，相反，只会更好地完善根本和基本的政治制度。

三、政治体制改革的着力点

认识和推进中国的政治体制改革，应把握以下五个着力点：

（1）民主改革。在中国共产党一党独大且根据宪法规定长期执政的情况下，通过改革发展党内民主，逐步建立党内的民主机制，实现党内的民主选举、民主决策、民主管理、民主监督，从而通过执政党领导制度与社会主义国家宪政制度的整合，实现整个国家政治体制的

① 邓小平．邓小平文选：第2卷．北京，人民出版社，1994：327.

民主化、法治化、科学化。

（2）善治改革。着手改变中国政治体制框架内管理公共事务的总体模式，通过社会非政府组织的广泛参与建立一种政治主体多元化、管理手段多元化，管理者与被管理者互动的，更加透明、更加高效的政治运行机制。

（3）基层改革。首先在基层建立以普选为基础的民主制度，实现村自治、乡自治，甚至是县自治；以此为基础，逐层向上推进，逐步实现全国范围的民主决策、民主监督机制。

（4）参与改革。通过政策引导促进中国的社会组织，主要是非政府性质的社团组织和公民个人的发展，从而加强整个社会的参政能力，并以不断壮大的社团组织和公民个人为基础，构建中国特色的民主参与体制。

（5）法治改革。建立健全中国特色社会主义法律体系和法治体系，从法律上构建政治决策、政治监督的民主机制，坚持"有法可依，有法必依，执法必严，违法必究"的原则，强调"法律面前人人平等"，坚持依法治国、依规治党，不允许任何个人、任何组织凌驾于法律之上，从而建立中国特色的社会主义民主法治体制。

第二节 政治体制改革的发展阶段

当代中国的政治体制改革已经持续进行了 40 年。中国政治体制改革的进程大致可分为以下四个发展阶段。

一、政治体制改革的发动阶段

1978—1980 年的这一阶段，主要是解放思想，发动改革。1978 年，党的十一届三中全会确定了改革开放的方针。党的十一届三中全会发表的《公报》指出："实现四个现代化，要求大幅度地提高生产力，也就必然要求多方面地改变同生产力发展不适应的生产关系和上层建筑，改变一切不适应的管理方式、活动方式和思想方式，因而是一场广泛深刻的革命。”① 改革路线一经确立，就立即提出“体制改革”的问题，党的十一届三中全会《公报》先从经济管理的角度入手，指出“对经济管理体制和经营管理方法着手认真的改革”②。《公报》还进一步指出，我国经济管理体制的一个严重缺点是权力过于集中，应该有领导地大胆下放，应该着手大力精简各级经济行政机构，应该在党的领导之下，认真解决党政企不分、以党代政、以政代企的现象。这里，实际上由于经济体制改革的启动和引发，尖锐地触及了政治体制改革问题。所以，邓小平指出，政治体制改革从党的十一届三中全会以后就提出了这个问题，“我们提出改革时，就包括政治体制改革”③。它与经济体制改革是同步启动的。

党的十一届三中全会结束不久，邓小平一再明确地提出“体制改革”的问题。1979 年 3 月，邓小平指出，特别是体制问题，人浮于事问题，整顿起来不容易，甚至于要得罪很多人。1980 年 2 月，他又说：“就全党来说，没有解决的重要问题还不少，我们要有清醒的估计。例如，我们现在的体制就很不适应四个现代化的需要。”④ 我们要“克服官僚主义，首先还是要着重研究体制的改革”⑤。在关注经济体制改革的同时，邓小平更为关注的是机构改革、干部人事制度改革、克服官僚主义等方面的政治体制改革的具体问题。

二、具体部署政治体制改革的阶段

1980—1988 年的这一阶段，主要经历了从经济体制改革到政治体制改革的过程。中国的改革，先从农村改革起步，然后进入城市，逐步建立了社会主义市场经济体制。与经济体制改革相适应，这一阶

① 中共中央文献研究室．十一届三中全会以来重要文献选读：上册．北京：人民出版社，1987：4.

② 同①6.

③ 邓小平．邓小平文选：第 3 卷．北京：人民出版社，1993：176.

④ 邓小平．邓小平文选：第 2 卷．北京：人民出版社，1994：280.

⑤ 同④282 页.

段的政治体制改革也有了明显的进展。邓小平是中国新时期政治体制改革的发动者和总设计师。1980 年 8 月，邓小平发表了《党和国家领导制度的改革》，开始阐述政治体制改革的一系列实质性问题，成为指导政治体制改革的纲领性文献。1982 年 9 月，在党的十二大开幕词中，邓小平提出“进行机构改革和经济体制改革”①，实际上把以机构改革为重要内容的政治体制改革，与经济体制改革并列。党的十二大报告正式提出改革“国家的政治体制”。此后，1985—1987 年，邓小平多次论及政治体制改革，对政治体制改革的目标、内容、评价标准、推进的策略，以及政治体制改革与经济体制改革的关系，都作了全面的论述。关于政治体制改革的总的目标，邓小平指出，第一是始终保持党和国家的活力，巩固社会主义制度；第二是克服官僚主义，提高工作效率，发展社会主义社会的生产力；第三是发扬社会主义民主，充分调动工人、农民、知识分子的积极性。关于政治体制改革的基本内容，邓小平认为，主要是肃清封建遗毒、党政分开、权力下放、进行机构改革和干部人事制度改革、扩大民主、加强法制建设等。关于政治体制改革的评价标准，邓小平说，关键看三条，第一是看国家的政局是否稳定；第二是看能否增进人民的团结，改善人民的生活；第三是看生产力能否得到持续发展。关于政治体制改革的策略，邓小平指出：“首先要确定政治体制改革的范围，弄清从哪里着手。要先从一两件事上着手，不能一下子大干，那样就乱了。”②“政治体制改革很复杂，每一个措施都涉及千千万万人的利益。所以，政治体制改革要分步骤、有领导、有秩序地进行。”③必须循序渐进，不能一哄而上，不能出现混乱局面。关于政治体制改革与经济体制改革的关系，邓小平指出：“政治体制改革同经济体制改革应该相互依赖，相互配合。只搞经济体制改革，不搞政治体制改革，经济体制改革也搞

---

① 邓小平．邓小平文选：第 3 卷．北京：人民出版社，1993：3.
② 同①176-177.
③ 同①252.

不通，因为首先遇到人的障碍。”[①] 比较二者，政治体制改革比经济体制改革更为重要。邓小平说：“我们所有的改革最终能不能成功，还是决定于政治体制的改革。”[②] 根据邓小平的这些重要思想，党的十三大对政治体制改革作出了周密的部署，使政治体制改革达到高潮。

三、持续政治体制改革的阶段

1989—2013 年的这一阶段，是以江泽民为核心的中央领导集体和以胡锦涛为总书记的党中央，坚持改革，排除改革的阻力，把政治体制改革推向了新的世纪，写下了改革新篇章。1989 年春夏之交发生政治动乱后，政治体制改革并没有因此被宣布停止。中共中央明确指出，改革开放的路线不能更改，党的十三大报告的基本内容也不应变，经济体制改革和政治体制改革，仍要坚定不移地进行下去。为了使政治体制改革能够有序、有步骤地健康发展，党中央更进一步强调了社会的政治稳定和政治体制改革目的的重要性，重申政治体制改革的目的，是为了加强和改善党的领导，绝不是削弱和淡化党的领导。进入 90 年代后，党的十四大确立了社会主义市场经济体制，围绕着建立社会主义市场经济进行社会主义民主政治建设，政治体制改革步入了一个持续发展的阶段。1997 年，党的十五大决定“继续推进政治体制改革”，提出了发展民主，加强法制，实行政企分开、精简机构，完善民主监督制度，维护安定团结的五项任务。党的十五大之后，政府机构改革、党的机构改革、干部人事制度改革、反腐倡廉工作都加大了力度，取得了明显的进展。2002 年，党的十六大又进一步明确提出政治体制改革的主要任务是：(1) 改革和完善党的领导方式和执政方式；(2) 改革和完善决策机制；(3) 深化行政管理体制改革；(4) 推进司法体制改革；(5) 深化干部人事制度改革；(6) 加强对权力的制约和监督。2007 年，党的十七大提出，深化政治体制改革，以保证人民当家作主为根本，以增强党和国家活力、调动人民积

---

①② 邓小平．邓小平文选：第 3 卷．北京：人民出版社，1993：164．

极性为目标，扩大社会主义民主，建设社会主义法治国家，发展社会主义政治文明。要坚持党总揽全局、协调各方的领导核心作用，提高党科学执政、民主执政、依法执政水平，保证党领导人民有效治理国家；坚持国家的一切权力属于人民，从各个层次、各个领域扩大公民有序政治参与，最广泛地动员和组织人民依法管理国家事务和社会事务、管理经济和文化事业；坚持依法治国基本方略，树立社会主义法治理念，实现国家各项工作法治化，保障公民合法权益；坚持社会主义政治制度的特点和优势，推进社会主义民主政治制度化、规范化、程序化，为党和国家长治久安提供政治和法律制度保障。2012 年，党的十八大提出，政治体制改革是我国全面改革的重要组成部分。必须继续积极稳妥推进政治体制改革，发展更加广泛、更加充分、更加健全的人民民主。要把制度建设摆在突出位置，充分发挥我国社会主义政治制度的优越性，积极借鉴人类政治文明的有益成果，绝不照搬西方政治制度模式。政治体制改革的主要任务是：（1）支持和保证人民通过人民代表大会行使国家权力；（2）健全社会主义协商民主制度；（3）完善基层民主制度；（4）全面推进依法治国；（5）深化行政体制改革；（6）健全权力运行制约和监督体系。

四、政治体制全面深化改革的阶段

这一阶段从 2014 年开始，将延续至 2049 年。中国政治体制改革的前三个阶段，从 1978 年到 2013 年前后经历了 35 年。2013 年 10 月，中共中央召开党的十八届三中全会，提出了“全面深化改革”，2014 年被确立为“全面深化改革的开局之年”，开始了政治体制改革的新阶段，它将持续到 2049 年中华人民共和国成立 100 周年的时候，这是又一个 35 年。第一个 35 年，结束了苏联模式，开创了中国特色社会主义新时代；第二个 35 年，为的是全面建成小康社会，进而建成富强、民主、文明、和谐、美丽的社会主义现代化国家，实现民族复兴的中国梦。比起第一个 35 年的改革，第二个 35 年的全面深化改革，具有四个基本特点。

（1）从比较单一到全面综合。当初的改革比较单一，如农村改革、城市改革、企业改革、价格改革、金融改革，都是单项的、单兵突进式的；现在的改革则走向了全面综合，不是一两个领域，而是要延伸到经济、政治、社会、文化、生态、党的建设诸多领域。

（2）从相对容易到艰巨复杂。当初的改革相对容易，就是着眼于眼前，只解决某一领域的某一方面的改革，先解决外围周边的一些问题，而没有进入核心地带。现在的改革则显得艰巨复杂，全面深化改革的推进必须体现长期性、稳定性和全局性，不能头痛医头、脚痛医脚、就事论事地去解决问题。全面深化改革是突入重地，势必“牵一发而动全身”，必须纵览全局、放眼未来，使改革收到长远之效、整体之效。

（3）从浮在表层到攻坚深化。当初的改革是从易到难，好改的先改，不好改的先放一放。到了现在，好改的改完了，剩下的都是不好改的。正如习近平所指出的：“中国改革经过30多年，已进入深水区，可以说，容易的、皆大欢喜的改革已经完成了，好吃的肉都吃掉了，剩下的都是难啃的硬骨头。”[①] 在“深水区”和“啃硬骨头”条件下展开的全面深化改革，必然触动一些部门利益，触动一些人的“奶酪”，需要多方面配合、多措施并举。要敢于涉险滩，敢于啃硬骨头，敢于突破利益固化的藩篱，敢于向积存多年的顽瘴痼疾开刀。矛盾越大，问题越多，越要攻坚克难、勇往直前。必须一鼓作气、坚定不移，必须坚定信心、增强勇气，打好全面深化改革这场攻坚战，推动改革向深层次发展。

（4）从摸着石头过河到顶层设计。当初改革的策略如邓小平所说的，是“摸着石头过河”。现在改革的策略，则要随着改革更加的艰巨复杂和进入深水区而作出重大的调整。党的十八届三中全会的《决定》指出：“加强顶层设计和摸着石头过河相结合，整体推进和重点突破相促进。”显而易见，现在的改革策略已和过去有了明显区别，过去是把“摸着石头过河”摆在首位，现在要把“加强顶层设计”摆在首

---

① 习近平．习近平谈治国理政．北京：外文出版社，2014：101.

位。习近平指出："同过去相比，中国改革的广度和深度都大大拓展了。要把改革推向前进，必须加强顶层设计。"[①] 虽然现在的改革并没有放弃"摸石头"，要把两者结合起来，但一定要以"顶层设计"作为主要的考量。"加强顶层设计"和"摸着石头过河"是辩证统一的，是可以结合起来的，我们并没有否定"摸石头"，但确实应该以"顶层设计"为重点，在顶层设计的统领下，使整体推进和重点突破相促进。

2017 年，党的十九大报告指出："要长期坚持、不断发展我国社会主义民主政治，积极稳妥推进政治体制改革，推进社会主义民主政治制度化、规范化、程序化"。推进政治体制改革，归根到底是为了更好地保证人民当家作主，管理国家事务，管理经济文化事业，管理社会事务。

第三节　政治体制改革的内涵和原则

中国政治体制改革是一项艰巨复杂的工程。中国的政治体制改革是综合性的，无论是作为改革主体的执政党、政府，还是作为改革受益者和参与者的人民以及其他的民主党派参政组织，都要明确改革需要一个漫长的过程，对此，要有足够的耐心，以避免激进、冒进给整个国家带来不必要的政治风险。推进中国的政治体制改革，必须清晰地明确改革的主要内涵和科学地掌握改革应遵循的主要原则。

一、政治体制改革的主要内涵

中国的政治体制改革，涉及以下八个方面。

1. 干部人事制度改革

公共事务归根到底要通过公共机构中的相关人员去贯彻执行。为政之道，首推用人，要能够行之有效地选拔、培养和使用公务人员。原有人事干部制度的弊端在于，干部职务终身制、缺乏科学的干部分

---

① 习近平. 习近平谈治国理政. 北京：外文出版社，2014：100.

类、缺乏公开公平竞争选拔的机制，以及缺乏考核、升降、奖惩、辞职、罢免、退休等管理制度。这就要通过改革，形成一套科学、合理的干部人事制度。当代中国的政治体制改革，就是以干部人事制度改革为突破口而开始起步的，并取得了很大的成就，建立健全了干部的各项管理制度。现在要继续深化干部人事制度改革，努力形成广纳群贤、人尽其才、能上能下、充满活力的用人机制，把优秀人才集聚到党和国家的各项事业中来。消除、杜绝跑官要官、买官卖官的恶劣现象，建设一支清正廉洁的高素质的干部队伍。

2. 选举制度改革

是否实行选举是民主国家和专制国家的根本区别，民主国家通过选举制度保证人民当家作主的政治权利。党的十八大报告确立了“人民主体地位”，要“更好保障人民权益，更好保证人民当家作主”①的原则。中国 2009 年制定了《选举法（修正案)》草案，并于 2010 年 3 月 15 日在党的十一届全国人大三次会议上表决通过。《选举法》对选民和候选人的资格，以及选区的划分、选民的登记、候选人的提出和产生、选举的基本程序等都作了规定。目前，选举不够普遍以及发生贿选等情况，需要予以改进和克服。

3. 决策体制改革

决策，是政治管理活动的中心环节。从顺应政治民主化的大趋势、大环境出发，决策活动必须建立民主决策体制。党的十八大报告指出，要“坚持科学决策、民主决策、依法决策，健全决策机制和程序，发挥思想库作用，建立健全决策问责和纠错制度。凡是涉及群众切身利益的决策都要充分听取群众意见，凡是损害群众利益的做法都要坚决防止和纠正”②。但是，在现实政治生活实践中，一些地方的

---

①② 坚定不移沿着中国特色社会主义道路前进 为全面建成小康社会而奋斗. 人民日报，2012-11-18.

“一把手”及其他个别领导人拍板定案，几乎成为一种不成文的决策模式。有的地方决策在很大程度上还存在着“唯上论”的倾向，主要表现为围绕上级领导批示开展决策，必须深化改革，建立科学化、民主化、法治化的决策体制。

4. 权力制约和监督体制改革

传统社会主义模式的政治体制在权力制约监督方面，实际上使最高权力、各个层级的“一把手”和领导干部无法受到制约监督。党的领导人和各层级“一把手”以及主要干部成了“特殊党员”，处于“虚监”“失监”的状态。改革传统政治体制中权力制约监督的缺陷，就要形成严密的权力制约监督体制。建立权力的分开和制约制度，是政治管理活动能够科学、良性运行的关键。

5. 党政关系体制改革

党政关系，即政党与国家政权之间的相互关系，是政治体制的核心问题。世界各国的党政关系主要表现为两种形态，一为“党政分开”，这是以西方国家为代表的处理党政之间关系的模式；二为“党政合一”，这是以苏联为代表的原社会主义国家处理党政之间关系的模式。一方面，中国不可能照搬照套西方“党政分开”模式；另一方面，中国也不可能再走老路而重蹈苏联“党政合一”模式的覆辙。在党政关系问题上，中国采取与“党政分开”和“党政合一”有所区别的新的党政关系模式，这就是“党政分合”新结构的制度，就是党政关系既有分、也有合的制度。“党政分合”的“分”，是指党务、政务分开；“党政分合”的“合”，是指必须坚持和保持党与政需要联系的部分，这主要包括有关重大政策的决策权、重大人事的推荐权以及思想政治工作的开展和监督权，必须使党和政密切联系，更好地整合。

6. 中央和地方关系改革

传统社会主义模式的一大弊端是中央过于集权。为了改变中央权力过于集中的情况，中央必须持续地向地方下放权力，深化简政放权。当然，中央在向地方下放权力的同时，也要加强对地方的宏观调控。

7. 基层治理体制改革

传统社会主义模式的政治体制缺乏基层民主自治。社会主义民主政治建设的一个重要层面是社会基层民主建设，必须扩大社会基层民主，保证人民群众直接行使民主权利，构成最广泛的政治体制改革社会实践。必须建立城乡基层政权机关和基层群众性自治组织，健全民主选举制度。农村村民委员会实行政务和财务公开，让群众参与讨论和决定基层公共事务和公益事业，对干部实行民主监督。企业职代会、城镇社区自治委员会以及其他群众团体，都要在社会民主政治活动中起到积极作用。公民个人权利的发展，构成社会主义民主政治建设的主体，是衡量民主政治进步的尺度。公民“享有广泛的权利和自由，尊重和保障人权”的原则应得到确认和发展。在基层治理体制改革中，要广泛采取协商民主形式。

8. 执政党体制改革

社会主义国家执政党的改革是一项系统工程，改革的对象针对的是有缺陷、有弊端的党的体制和具体制度，解决体制性、制度性的问题。党的体制和具体制度主要包括党的执政方式、党内民主制度、干部制度、决策体制、权力制约监督体制、精简党的机构。尤其是要实现党的领导制度规范化，要健全民主集中制，实行集体接班、集体领导制度，建立健全各级党的纪律检查委员会，保证党的集体领导和决策科学化、管理监督民主化。

二、政治体制改革遵循的主要原则

为了保证中国的稳定发展，在政治体制改革中必须坚持以下三条原则。

1. 必须正确把握经济体制改革与政治体制改革的关系

中国确立的社会主义市场经济体制，是政治体制改革的基础。经济发展是政治发展的驱动力，政治发展是经济发展的根本保证。邓小平坚决主张经济建设是压倒一切的中心任务，坚决反对任何脱离经济发展、经济体制改革的实际而进行政治体制改革。这是把经济放置在第一位，无论如何都要予以优先发展的战略思想。这种战略思想决定了政治体制改革必须服从、围绕着经济发展和经济体制改革的需要，即经济发展和经济体制改革需要进行哪些政治体制改革，就进行哪些方面的政治体制改革。这种战略思想并不是把政治体制改革放在可有可无、完全被动的地位。相反，它指出在该进行政治体制改革时而不进行政治体制改革，就会造成对生产力和经济发展的阻碍和破坏。邓小平指出，“现在经济体制改革每前进一步，都深深感到政治体制改革的必要性。不改革政治体制，就不能保障经济体制改革的成果，不能使经济体制改革继续前进，就会阻碍生产力的发展，阻碍四个现代化的实现”①，凸显了政治体制改革在关键时刻所起的决定性作用。这说明，政治体制改革一定不能滞后于经济体制改革，并要适时加大其力度，使二者互相配合、协调发展，处于最佳状态。

2. 必须确保中国共产党对政治体制改革的领导和社会稳定

政治体制改革必须在社会稳定的环境中进行。坚持中国共产党对政治体制改革的领导，是保证社会稳定的需要。因此，中国的政治体制改革，必须在实行中国共产党领导的条件下进行。毫无疑问，政治体制改革本身包含着对党的领导体制进行改革，解决党政关系中存在的问题。但是，这种改革是以加强和改善党的领导为根本目的的，绝不能以损害、破坏党的领导为代价，甚至错误地认为党是政治体制改革的障碍，可以不要党的领导。这是因为，中国共产党是中国实现现代化的政治枢纽点，是社会稳定的基石保障。邓小平认为，中国要实现现代化，“最关键的问题是需要稳定”，“如果没有一个稳定的环境，

① 邓小平．邓小平文选：第3卷．北京：人民出版社，1993：176．

中国什么事情也干不成”[1]。要保持社会稳定，就不能离开党的领导。当然，党要真正成为政治体制改革的领导核心和推动力量，还要依靠自身正确的思想和行动来证实，关键是做到以下两点：其一是集中精力研究政治体制改革的实际问题，不能只是空讲政治体制改革的原则、目的、重要性等；其二是能够拿出政治体制改革的部署方案，扎扎实实地推进政治体制改革。政治体制改革是否在推进，不能靠高谈阔论，应该由具体的政治体制改革实践来判定。中国确立的社会主义市场经济体制是政治体制改革的基础，经济发展是政治发展的驱动力，政治发展是经济发展的根本保证。因此，在坚持以经济体制改革为中心的前提下，要根据经济发展和经济体制改革的需要对我国的政治体制进行改革，使二者相互适应、协调发展，就能保持社会的稳定。

3. 必须采取渐进式改革的策略

中国的政治体制改革需要经历漫长的过程，改革永远在路上。对此，要有足够的耐心，要避免因激进、冒进而带给整个国家不必要的政治风险和动荡。在 40 年改革中，正是因为采取了循序渐进、逐步深入的渐进式策略，保持了国家和社会的稳定，避免了震荡，才构成中国最佳的改革路径选择。改革不但需要胆量，更需要睿智。邓小平在 20 世纪 70 年代末 80 年代初开始领导中国进行改革时，就一再强调“我们的方针是，胆子要大，步子要稳，走一步，看一步”[2]。为此，邓小平采取了“摸着石头过河”的方法。实践证明，渐进式的改革是最有智慧的策略，是最为奏效的改革方式。现在，随着改革进入全面深化的新阶段，中央决定要“加强顶层设计”，但是，仍然需要“摸石头”，把“加强顶层设计”和“摸着石头过河”结合起来，这就要求继续采取渐进式改革的策略。这是因为，决定中国渐进式改革的基本条件，如改革的性质、方向、任务、目标以及具体的国情，都没

---

① 邓小平．邓小平文选：第 3 卷．北京：人民出版社，1993：348.

② 同①113.

有发生根本的变化。因此，习近平在谈到推进全面深化改革的策略时明确地指出："胆子要大、步子要稳。胆子要大，就是改革再难也要向前推进，敢于担当，敢于啃硬骨头，敢于涉险滩。步子要稳，就是方向一定要准，行驶一定要稳，尤其是不能犯颠覆性错误。"[①] 在政治体制改革中，应该一如既往地坚持邓小平的基本思路，坚持渐进式的改革策略。

第四节　政治体制改革的目标和意义

对于中国政治体制改革的目标和意义，邓小平曾作了总体的论述：第一是始终保持党和国家的活力，巩固社会主义制度；第二是克服官僚主义，提高工作效率，发展社会主义社会的生产力；第三是发扬社会主义民主，充分调动工人、农民、知识分子的积极性[②]。也就是说，通过完善中国特色社会主义民主政治体制，进一步健全政治运行机制，为中国特色社会主义的经济、政治、文化事业的全面发展提供良好的环境。

一、政治体制改革的基本目标

中国的政治体制改革，要达到以下"八化"目标。

1. 政治民主化

政治民主化是政治体制文明的灵魂和主旋律，政治现代化的过程，实质上就是政治民主化的过程。它是政治专制主义的对立物，是从帝王政治走向公民政治，公民成为政治的主体角色，享有参加所有政治过程的平等、自由和竞争的权利。早在资产阶级进行反封建的斗争中，人民就成为取得各项民主政治权利的决定性力量，并取

① 习近平．习近平谈治国理政．北京：外文出版社，2014：100.

② 邓小平．邓小平文选：第3卷．北京：人民出版社，1993：179-180.

得斗争的一定的成果。现在，中国致力于建设社会主义民主政治，更加强调人民当家作主，这构成政治民主化的最高形态。社会主义社会的政治民主化不仅注重民主的真实内容，而且注重民主的具体形式。它必然要建立完善的表达各种政治要求、政治利益，以及实现政治协商的民主机制。

2. 政治法治化

政治法治化是政治体制文明的制度保障，意味着政治治理从人治转向法治。政治法治化包含互为关联的两项内容：一是通过政治立法，用完备的法律体系来规范政治治理，使整个政治治理在法律规定的范围内进行，即做到政治立法，实现有法可依、有法必依；二是运用法律进行政治治理，通过政治执法实现政治的治理职能，即做到执法必严、违法必究。政治治理法治化，归根到底就是“有法必依，执法必严，违法必究，在法律面前人人平等”①。做到了政治立法、依法治国、依规治党，也就实现了政治治理的法治化。

3. 政治分权化

现代社会的政治分权化与传统社会的政治集权化形成鲜明的对比和优势。经济现代化进程中出现的市场经济发展、社会自组织能力增强的张力，必然要冲破“全能政治”，即一切权力集于中央、一切听命于中央的政治模式。在传统社会主义模式的政治体制中，存在着过度集权的弊端，党政不分、以党代政，政企不分、以政代企，“各级领导机关，都管了很多不该管、管不好、管不了的事”，这些事，“放在企业、事业、社会单位”，“本来可以很好办，但是统统拿到党政领导机关、拿到中央部门来，就很难办。谁也没有这样的神通，能够办这么繁重而生疏的事情”②。实行党政分工，中央向地方、地方向地

① 邓小平. 邓小平文选：第2卷. 北京：人民出版社，1994：254.

② 同①328.

方逐级下放权力，转变职能、精简机构。精简机构不单是机构数量上的变动、整合、减少，而是由一系列环节构成的全方位的系统工程，是全面深刻的机构改革，要形成一个精干、廉洁的政府。政治分权化是对权力分解所作出的层级和责任的制度安排，是政治现代化的大势所趋，它并不排斥或削弱政治集中，而是政治权力集中与分散的辩证统一。

4. 政治公开化

政治公开化扫除了政治封闭性、神秘化的色彩，使政治生活具有清晰度、透明性。现代化社会是开放的社会，政治上的开放，就要用多种形式让公民了解政治家活动的情况，了解国家的政治事务，了解国际的政治动向。除属国家机密之外，任何政治生活行为本身没有理由对民众加以保密、封锁或隐瞒。实行政治公开化，是基于政治的公共性质和公民有知情权的政治理念。对于社会主义国家来说，政治公开化还是一种最真实、彻底的公开化。马克思在评价巴黎公社时指出："公社公布了自己的言论和行动，它把自己的一切缺点都告诉民众。"① 党的十三大报告明确指出："提高领导机关活动的开放程度，重大情况让人民知道，重大问题经人民讨论。"②

5. 政治参与化

政治参与化是政治生活活跃和普及化的表现，公民能够合法性、经常性、广泛性地参政议政，形成社会化的政治行为。由于政治参与是自愿的、自觉的，并且是选择性的行为，因而它需要公民增强政治责任感，具有政治主体意识，积极、主动地参与影响国家政治事务的活动。政治参与已成为现代国家保持社会稳定的重要手段。在社会主义国家里，政治参与是人民群众享有管理国家的政治权利的鲜明体

---

① 马克思，恩格斯．马克思恩格斯全集：第17卷．北京：人民出版社，1963：368.

② 沿着有中国特色的社会主义道路前进．人民日报，1987-11-04.

现，随着政治现代化进程的发展，人民群众的政治参与水平将不断提高。

6. 政治监督化

政治监督即对政治权力实行严密、有效的监控、制约，是现代化社会与传统社会的显著区别。不容否认，任何不受监督的权力一定会产生腐败。监督机制不完善，监督渠道不畅通，也都会给权力腐败留下空隙。政治权力机构及领导人本身廉洁形象的塑造，有赖于监督的力度与深度。完善的政治监督主要包括：法律监督、党纪监督、群众监督、舆论监督等。要建立专门的监督机构，必须把自上而下的监督和自下而上的监督、内部监督和外部监督机制完善起来。

7. 政治决策科学化

现代化社会的政治决策科学化，是相对于传统社会的政治决策经验化而言的，它为社会现代化进程中分工越来越细、综合性越来越强、情况越来越复杂所需。面对纷纭多变的现代社会，经验决策显然无法驾驭整个局面，迫切需要一套科学的决策体系。政治决策从经验阶段发展至科学化阶段，主要表现为政治决策由个人决策走向集体决策，由单纯的定性分析走向定性与定量相结合的分析，由仅仅注意决策的结果到注重决策的全过程。政治决策科学化，包括决策过程的民主性、决策程序的制度性和决策方法的科学性。

8. 政治治理效能化

现代化社会节奏加快，市场经济注重效率，因此也要求政治治理实现效能化。执政党和政府的管理工作，要有更多的活力、更多的创新精神，只有进一步提升政治效率，才能在信息纷至沓来、情况瞬息万变的条件下，及时作出政治决策，及时处理政治事务，取得良好的政治效益，发挥政治治理的优势。政治效能问题，关系一个国家现代化建设速度的快慢。进入现代化建设新时期后，邓小平深感政治效率问题的重要性。他指出："现在国际国内普遍都感觉到我们人浮于事，官僚主义，办事拖拉，到处靠开会画圈过日子，许多问题一个电话就可以解决的，拖到半年解决不了。这样还搞什么四个现代化！"[①]"所以必须解决效率问题。"[②]

二、政治体制改革的重要意义

政治体制改革，是迈向国家政治文明的集中体现。国家本身是一种政治文明，恩格斯在《家庭、私有制和国家的起源》中做了科学的说明："国家是承认：这个社会陷入了不可解决的自我矛盾，分裂为不可调和的对立面而又无力摆脱这些对立面。而为了使这些对立面，这些经济利益互相冲突的阶级，不致在无谓的斗争中把自己和社会消灭，就需要有一种表面上凌驾于社会之上的力量，这种力量应当缓和冲突，把冲突保持在'秩序'的范围以内；这种从社会中产生但又自居于社会之上并且日益同社会相异化的力量，就是国家。"[③] 从恩格斯的论述中可以看出，首先，国家体现的是经济利益互相冲突的对立的阶级关系，这种对立的阶级关系决定了国家的统治者是哪个阶级，如奴隶制国家、封建国家、资本主义国家和社会主义国家，其统治阶级是奴隶主阶级、地主阶级、资产阶级和无产阶级；其次，国家还意味着"一种表面上驾于社会之上的力量，这种力量应当缓和冲突，把冲突保持在'秩序'的范围以内"，即国家体现为政权的力量。国家通过设立一系列的政权机构，建立一整套的"秩序"规则体系，对公共事务的管理权限进行界定和划分，对社会公共秩序进行规范，使国家权力得以实施，达到缓和阶级冲突、把冲突保持在"秩序"范围以内的目的，这就形成了国家的政治体制。因此，政治体制是国家政权的基础载体，实行政治体制改革，是国家政治文明不断进步、完善的体现。

---

① 邓小平．邓小平文选：第2卷．北京：人民出版社，1994：262-263.

② 邓小平．邓小平文选：第3卷．北京：人民出版社，1993：180.

③ 马克思，恩格斯．马克思恩格斯选集：第4卷．北京：人民出版社，1995：170.

人类社会的文明可以分为物质文明、政治文明和精神文明三个方面。物质文明是人类社会文明的基础，精神文明是人类社会文明的价值旨归，而政治文明则是物质文明与精神文明的保障和社会文明的功能性象征与体现。政治文明，就是国家的制度文明，就是政治体制的文明。国家的政治体制文明，作为国家制度文明的一个基本组成部分，具体体现了国家的制度文明，是反映一个社会的文明达到何种程度的重要标志。

Contemporary China's Politics

第二章

人民代表大会制度

2 人民代表大会制度

中国的人民代表大会制度，是指全国各族人民按照民主集中制原则，通过选举产生人民代表，召开人民代表大会会议，组成国家权力机关，并由国家权力机关产生其他国家机关，以实现人民当家作主的政权组织形式。人民代表大会制度既是中国特色社会主义制度的重要组成部分，也是支撑中国国家治理体系和治理能力现代化的根本政治制度。人民代表大会制度在中国的政治制度体系中居于权力的最高地位，它决定着国家的其他制度。人民代表大会制度的主要内容：一是关于人民代表大会本身的产生、组织、职权和行使职权程序的一套规定和制度；二是关于人民代表大会与公民和人民代表大会与其他国家机关相互关系的一套规定和制度。

第一节　人民代表大会制度的形成和发展

习近平指出："在中国实行人民代表大会制度，是中国人民在人类政治制度史上的伟大创造，是深刻总结近代以后中国政治生活惨痛教训得出的基本结论，是中国社会 100 多年激越变革、激荡发展的历史结果，是中国人民翻身作主、掌握自己命运的必然选择。"① 实践充分证明，人民代表大会制度是符合中国国情和实际、体现社会主义国家性质、保证人民当家作主、保障实现中华民族伟大复兴的好制度。人民代表大会制度经历了初创、形成、不断得到巩固和发展的过程，呈现出蓬勃生机。

一、人民代表大会制度的初创

人民代表大会制度起源于第二次国内革命战争时期，中国共产

① 习近平．在庆祝全国人民代表大会成立 60 周年大会上的讲话．人民日报，2014-09-06.

党领导的革命根据地建立了工农兵苏维埃。苏维埃，是俄文“COBET”（soviet）的音译，意为代表会议。1931 年 11 月，中国共产党在江西瑞金召开了第一次全国苏维埃（代表大会），通过了《中华苏维埃共和国宪法大纲》。1934 年 1 月，又召开了第二次中华苏维埃，对宪法大纲进行了修改。该大纲确认中华苏维埃共和国的最高政权机关为全国工农兵苏维埃，并在最高政权机关之下设立各级工农兵苏维埃作为各级政权机关，即苏维埃政权。工农兵苏维埃实行民主选举制度，是中国历史上第一次出现的劳动人民的代表机关，表明了中华全国苏维埃共和国的政权组织形式是工农兵代表大会制度。

抗日战争时期，抗日根据地的政权组织形式是参议会。这是中国共产党领导人民建立的抗日民族统一战线政权。它是一切赞成抗日和赞成民主的人民组成的，几个革命阶级联合起来的对汉奸和反动派实行专政的政权。各级参议会均为人民的代表机关，采取普遍、直接、平等和无记名投票的选举方式选举产生。凡拥护抗日的阶级、阶层，特别是中等资产阶级和开明绅士都可以参加。这有利于团结一切可以团结的力量，争取抗日战争的胜利。与此同时，中国共产党人开始思考，在领导中国人民取得革命胜利后，国家政权应该怎样组织？国家应该怎样治理？这是一个关系国家前途、人民命运的根本性问题。经过实践探索和理论思考，毛泽东在 1940 年说道：“没有适当形式的政权机关，就不能代表国家。中国现在可以采取全国人民代表大会、省人民代表大会、县人民代表大会、区人民代表大会直到乡人民代表大会的系统，并由各级代表大会选举政府。”①

在解放战争时期，随着形势的变化，解放区的政权逐步由抗日民主政权转变为人民民主政权。解放区在进行土地改革的过程中，农村建立了贫农团和农会，代行基层政权的职权，并在此基础上建立区、

---

① 毛泽东．毛泽东选集：第 2 卷．北京：人民出版社，1991：677.

村（乡）两级人民代表会议，产生了人民政府。中国共产党在领导反封建的土地改革中所建立起来的区、村（乡）两级人民代表会议，剥夺了地主阶级、官僚资产阶级与乡村富农的选举权与被选举权，它是基于广大人民群众的意志建立起来的人民代表会议。随着解放战争胜利的迅速发展，各级人民代表会议逐步成为代行当地最高权力机关的政权。这说明，解放区的人民民主政权，基本上采用了人民代表大会制度作为它的组织形式。

二、人民代表大会制度的建立

中华人民共和国成立之后，人民代表大会制度具备了深厚的发展基础：一是有革命根据地政权建设的经验；二是在中国共产党领导下建立了人民民主专政的政权，取得了发展民主的条件。1949 年 9 月召开的中国人民政治协商会议通过的《共同纲领》规定，中华人民共和国的国家政权属于人民，人民行使国家政权的机关为各级人民代表大会和各级人民政府。但是，在中华人民共和国成立后的最初几年，由于社会秩序还未完全建立，土地改革还未彻底完成，在全国实行普选的条件还不具备，《共同纲领》又规定，在普选的人民代表大会召开以前，由中国人民政治协商会议的全体会议代行全国人民代表大会的职权；由协商产生的地方各级人民代表会议代行地方人民代表大会的职权。《共同纲领》的实施，为确立人民代表大会制度奠定了坚实的基础。1953 年中国开始进行普选，召开地方各级人民代表大会。在完成普选和召开地方各级人民代表大会的基础上，1954 年 9 月召开了第一届全国人民代表大会第一次会议，通过了中华人民共和国历史上第一部宪法（见图 2－1）。《中华人民共和国宪法》规定，国家的一切权力属于人民，人民行使权力的机关是全国人民代表大会（简称全国人大）和地方各级人民代表大会（简称地方人大）；国家的行政机关，从国务院到地方各级人民委员会，都由全国人大和地方各级人大选举产生，并受它们的监督。第一届全国人民代表大会第一次会议还制定和通过了《全国人民代表大会组织法》《国务院组织法》《人民法院组织法》《人民检察院组织法》以及《地方各级人民代表大会和人民委员会组织法》，奠定了中国人民民主政权的基础，标志着人民代表大会制度的建立。

图 2-1 《中华人民共和国宪法》(1954 年)

三、人民代表大会制度的发展

自 1954 年从中央到地方建立人民代表大会制度以来，人民代表大会制度已历经 60 多年，经历了三个发展时期。

(1) 1954 年 9 月—1966 年 5 月，是人民代表大会制度的初创和人大工作曲折发展的时期。人民代表大会制度建立的头几年，各级人民代表大会以及由它产生的其他国家机关，显示了它作为社会主义政治制度的优越性。从一届全国人大一次会议到一届全国人大四次会议期间，各级人民代表大会在促进社会主义工业化和对农业、手工业以及资本主义工商业的社会主义改造，稳定社会秩序，发展人民民主和健全社会主义法制等方面发挥了重大的作用。其主要表现为：决定了国家的一些重大事项，制定了一批重要法律和法规，逐步建立健全全国人大及其常委会的工作机构、工作程序、工作制度等。但是，从1957年下半年开始，随着“左”的错误逐渐滋长，人民代表大会制度被逐渐削弱。1959年4月召开的第二届全国人民代表大会第一次会议以及其后的几次会议，已没有多大的影响力了。国家的许多重大事项不再提请全国人大及其常委会讨论决定；立法工作基本上停顿下来，法制建设日益削弱；全国人大及其常委会的开会日期和议程越来越不正常，已经建立起来的工作程序和工作制度不同程度地受到破坏。

（2）1966年5月—1976年10月，是人民代表大会制度遭受严重破坏的时期。1966年5月“文化大革命”爆发。同年7月，三届全国人大常委会举行第三十三次会议，会议通过决议，延期召开三届全国人大第二次会议。此后，在长达八年多的时间里，第三届全国人大及其常委会再没有举行一次会议。全国人大及其常委会仅仅保留一个名义，实际上已失去最高国家权力机关的作用。地方各级人大和人民委员会被彻底砸烂，尔后被革命委员会取代。各级人大代表也失去了作用，许多人遭受迫害，根本谈不上按照宪法和法律规定行使职权。其间召开的全国人大及其常委会发挥的作用受到极大的限制，没有什么实质性内容。1975年1月曾召开第四届全国人民代表大会第一次会议，充满了极左的色彩。

（3）1976年10月至现在，是人民代表大会制度恢复和发展的时期。1978年底，中共中央召开党的十一届三中全会，使人民代表大会制度进入了一个新的历史发展阶段。首先，对人民代表大会制度作出一些新规定。1979年7月，第五届全国人大第二次会议通过的《全国人民代表大会和地方各级人民代表大会选举法》《地方各级人民代表大会和地方各级政府组织法》以及1982年颁布的新《宪法》都明确规定，县、乡两级人大代表实行直接选举，县以上地方人大设立常务委员会，扩大全国人大常委会的职权，加强各级人大及其常委会的组织机构，省级人大及其常委会有权制定地方性法规，等等。这些规定有力地推动了人民代表大会制度建设，推进了社会主义民主和法制建设，使中国的立法工作、选举监督工作和人事任免工作步入了法制化的轨道。其次，全国人大和地方各级人大的工作得到恢复和发展。1983 年夏，召开了第六届全国人民代表大会第一次会议，并且此后坚持了每年举行一次全国人大会议，每两个月举行一次全国人大常委会，地方人大也依法正常活动。最后，随着人民代表大会制度的日益完善，一批法学界和政治学界的专家学者以及新闻舆论单位、机关团体有志于从事人大制度研究的工作者，形成了一支理论和宣传队伍，不断加强对人民代表大会制度的研究和宣传工作，为在全社会逐步树立人大意识和民主法制意识起了重大作用。人民代表大会制度在国家的经济、政治和社会生活中发挥着越来越重要的作用。

人民代表大会制度是适合中国国情的根本政治制度，它直接体现了中国人民民主专政的国家性质，是建立中国其他制度的基础。人民代表大会制度具有社会主义国家的优越性：第一，有利于保证国家权力体现人民的意志。人民不仅有权选择自己的代表，随时向代表反映自己的要求和意见，而且有权对代表进行监督，有权依法罢免那些不称职的代表。第二，有利于保证中央和地方国家权力的统一。在国家事务中，凡属全国性的、需要在全国范围内作出统一决定的重大问题，都由中央决定；属于地方性的问题，则由地方根据中央的方针因地制宜地处理。这既保证了中央集中统一的领导，又发挥了地方的积极性和创造性，使中央和地方形成坚强的统一整体。第三，有利于保证中国各民族的平等和团结。依照宪法和法律规定，在各级人民代表大会中，都有适当名额的少数民族代表；在少数民族聚集地区实行民族区域自治，设立自治机关，使少数民族能管理本地区、本民族的内部事务。

第二节　人民代表大会制度的性质和原则

人民代表大会制度既是中国共产党长期进行人民政权建设的经验总结，也是对国家事务实施领导的一大特色和优势。人民代表大会制度所具有的性质和原则，体现了人民代表大会制度是中国人民当家作主的重要途径和最高实现形式，是中国特色社会主义政治文明的重要制度载体。

一、人民代表大会制度的性质

人民代表大会制度是按照民主集中制原则，由选民直接或间接选举代表组成人民代表大会作为国家权力机关，统一管理国家事务的政治制度。以人民代表大会为基石的人民代表大会制度，在性质上是国家的权力中心和根本政治制度，它决定着国家的其他基本制度、具体制度，这是由以下几方面的因素决定的。

（1）人民代表大会制度是与中国的人民民主专政的国体相适应的政治制度。人民代表大会制度，是与人民民主专政的国体相适应的、直接体现人民民主专政的政权组织形式。人民代表大会制度实现了人民当家作主的权利。随着新民主主义革命的完成和社会主义现代化建设的顺利推进，中国的人民代表大会制度已发展成为包括全体社会主义的劳动者和社会主义事业的建设者，拥护社会主义的爱国者和拥护祖国统一的爱国者在内的社会主义国家政权组织形式。它能够使人民真正享有管理国家事务的权利，能够在政权组织形式上使人民当家作主的地位得到切实的保障。

（2）人民代表大会制度是保证人民当家作主、管理国家和社会事务的政治制度。《宪法》规定："中华人民共和国的一切权力属于人民。"一切权力属于人民，是中国国家制度的核心内容和根本原则，人民代表大会制度正是体现这一核心内容和根本原则的政治制度。由人民选举产生的各级人民代表大会作为国家权力机关，国家的一切重大问题由它讨论并作出决定；国家行政机关、司法机关、检察机关都由它产生，对它负责，受它监督。实行人民代表大会制度，是国家一切权力属于人民的根本标志。它既确保了人民享有广泛的管理国家和社会事务的权利，又确保了国家权力的集中统一。

（3）人民代表大会制度是在国家政治制度体系中处于中心和全权地位的政治制度。在中国社会主义政治制度体系中，除了人民代表大会制度这一根本政治制度外，还有其他一系列的政治制度。这些制度从不同方面体现了中国人民民主专政的社会主义国家政权性质。但是，这些政治制度都是由人民代表大会创设的，即使不是直接创设，也需要经它批准或由它授权的机构批准方能创设。由此可见，人民代表大会制度是中国其他政治制度赖以产生的基础，体现了中国政治生活的根本面貌，在中国政治制度体系中具有至高性和全权性的地位。

二、人民代表大会制度的创设原则

创设人民代表大会制度需要依据科学、合理、合法的原则。原则，是人们对客观事物本质和发展规律的深刻认识和总结，并把它作为应该遵守的准绳和要求。作为体现人民代表大会制度的本质和发展规律的原则，主要有以下几个方面。

1. 一切权力属于人民的原则

中华人民共和国的一切权力属于人民。人民是一切权力的根源、所有者。在人民享有的一切权力中，最重要的是管理国家的权力。在中国，人民管理国家权力的实现途径主要有两个方面：一是在基层实行直接民主，包括农村实行村民自治制度，城市实行居民自治制度等；二是间接民主，即人民通过普选，将全部国家权力委托给自己选出的代表，由他们组成各级人民代表大会去统一行使，人民代表大会又通过选举，代表人民将国家的行政权、审判权、检察权、军事领导权、国家元首权分别授予由它选出的政府、法院、检察院、中央军委、国家主席等国家机关，按照分工负责的原则各自行使。在现阶段，后一种形式更重要。因为，人民代表大会制度有利于发挥各地区、各民族、各阶层和各民主党派、爱国人士的积极性，便于人民群众行使自己的权力，使国家权力最终掌握在人民手中。就国家机关而言，唯有获得人民权力委托的人民代表大会等国家机关才可以代表人民直接行使国家权力。当然，人民的“权力委托”并不等于“权力丧失”。人民委托出去的是权力的直接行使权，而人民始终保留的是国家权力的所有权。人民代表大会等国家机关始终要接受人民的选择，由人民定期直接或间接选举产生。为了保证国家权力永远属于人民、受人民的支配和控制，必要时人民还可以通过法定程序罢免国家机关公职人员。宪法规定，人大代表应当同原选举单位和人民保持密切联系，听取和反映人民的意见和要求，努力为人民服务。人大代表要接受原选举单位的监督，原选举单位有权罢免自己选出的代表。国家的行政机关、审判机关、检察机关要接受人民代表大会的监督，人民代表大会要接受人民群众的监督。这些规定，充分体现了国家的一切权力属于人民的原则。

2. 中国共产党领导的原则

中国社会主义国家的性质，决定了工人阶级在整个国家中居于领导地位，而工人阶级的领导主要是通过自己的先锋队组织——中国共产党来实现。坚持中国共产党的领导与“一切权力属于人民”并不矛盾。这是因为，中国共产党的领导是坚持和完善人民代表大会制度的根本保障，人民代表大会制度是在中国共产党领导下，经过艰苦卓绝的革命斗争才建立的，中国共产党领导人民创建了国家政权组织，也要领导和支持国家政权组织依法行使职权。中国共产党对国家事务领导的最本质的规定，是保证和支持人民当家作主。在中国这样一个经济、文化比较落后的国家进行社会主义现代化建设，群龙无首不行，一盘散沙更不行。只有在中国共产党的领导下，才能集中全国人民的意志和力量，进行改革和建设；也只有在中国共产党的领导下，才能建设高度的社会主义民主，使人民万众一心凝聚成一股巨大的力量，真正地当家作主。中国共产党对国家事务的领导主要是政治领导，即政治原则、政治方向、重大方针政策的领导和向国家机关推荐重要干部。中国共产党要发挥正确的政治领导作用，必须改善领导制度、领导方式和领导作风，要善于使党所提出来的主张，经过法定程序变成国家意志。

3. 民主集中制的原则

宪法规定，国家机构实行民主集中制的原则，即在民主基础上的集中和在集中指导下的民主相结合。民主集中制既是一种组织原则，又是一种活动原则。作为组织原则的民主集中制，表现在人民代表大会制度上有三个方面的内容：第一，在国家机关与人民群众的关系上，全国人民代表大会和地方各级人民代表大会都由民主选举产生，对人民负责，受人民监督。其他国家机关都必须经常保持与人民的密切联系，倾听人民的意见和建议，接受人民的监督。这就保证了各级人民代表大会和国家机关建立在坚实的民主基础上，并置于广大人民群众的监督之下。第二，在国家权力机关与其他国家机关的关系上，国家行政机关、审判机关、检察机关都由人民代表大会产生，对它负责，受它监督。全国人大不是单纯的立法机关，而是最高国家权力机关。除了立法，它还有权讨论和决定国家重大事项。国务院、中央军委、最高人民法院和最高人民检察院都由全国人大产生，委以职权，并对全国人大和全国人大常委会负责，接受其监督。地方各级人民代表大会是地方国家权力机关，县级以上地方各级人民代表大会设立常务委员会，讨论和决定本行政区域内的重大问题。地方各级国家行政机关、审判机关和检察机关都由地方各级国家权力机关产生，对它们负责，受它们监督。总之，人民代表大会集中代表人民的共同意志，统一行使全部国家权力；又在不同国家机关之间实行必要分工，以便充分发挥各个国家机关的作用。第三，在中央国家机关与地方国家机关的关系上，遵循在中央统一领导下，充分发挥地方积极性、主动性的原则。一方面，中央国家机关制定的宪法、法律、行政法规以及决议、决定等，地方各级国家机关必须执行；全国人大常委会对省级人大及其常委会、上级人大常委会对下级人大及其常委会进行指导和法律监督。全国人大常委会有权撤销省、自治区、直辖市国家权力机关制定的同宪法、法律和行政法规相抵触的地方性法规和决议，以保证国家法制的统一，实现中央的集中统一领导。另一方面，充分发挥地方的积极性、主动性。宪法规定，省级和设区的市的人大及其常委会在不同宪法、法律和行政法规相抵触的前提下，根据本地实际需要和具体情况可以制定地方性法规；地方各级人大是地方国家权力机关，负责讨论决定本行政区域内的重大事项；地方各级人民政府有权因地制宜地管理本地区的各项行政工作。这样，地方国家机关在中央的统一领导下，因地因时制宜，发挥地方的主动性和积极性，加速社会主义现代化建设。

作为活动原则，民主集中制贯穿于整个国家机关的决策过程中。任何国家机关都必须坚持民主集中制原则，都必须充分发扬民主，在民主的基础上集中大多数的意见和建议，最后形成决议贯彻下去。但是，在不同国家机关的决策过程中，民主集中制的具体内容有所区别。比如，在国家权力机关的决策中，一切重大问题经过民主的讨论，最后按照少数服从多数的原则集中作出决议，并交由其他国家机关贯彻执行。在国家行政机关的决策中，对一切重大问题先要广泛征求意见，进行民主讨论，但最后采纳正确意见、进行拍板的是行政首长，实行的是首长负责制。

4. 民族平等与民族团结的原则

中国是一个统一的多民族的国家，各民族的大团结是维护祖国统一、推进社会主义现代化建设的重要保证。坚持各民族一律平等，维护和发展各民族之间的平等、互助、团结、合作关系是中国的一贯政策。人民代表大会制度也体现了这一原则，在全国人大中，各少数民族都应当有适当名额的代表，人口特少的少数民族，至少也应有代表一人；在地方各级人大中，也都应当有适当名额的少数民族代表。宪法还规定，各少数民族聚居的地方实行民族区域自治，其人大和政府依法行使自治权。

第三节　人民代表大会的基本构成

人民代表大会是人民代表大会制度的核心内容。人民代表大会的构成主要有：人大代表、人民代表大会会议、人大常委会、人大专门委员会等。

一、人大代表

人大代表是人民代表大会代表的简称。全国人民代表大会代表是最高国家权力机关组成人员，地方人民代表大会代表是地方国家权力机关组成人员。按照《全国人民代表大会和地方各级人民代表大会选举法》的规定：全国人民代表大会的代表，省、自治区、直辖市、设区的市、自治州的人民代表大会的代表，由下一级人民代表大会选举，即是由选民间接选举产生；不设区的市、市辖区、县、自治县、乡、民族乡、镇的人民代表大会的代表，由选民直接选举产生。该法规定：中华人民共和国年满 18 周岁的公民，不分民族、种族、性别、职业、家庭出身、宗教信仰、教育程度、财产状况和居住期限，都有选举权和被选举权。该法还规定：全国人民代表大会的代表名额不超过 3 000 人。名额的分配，由全国人民代表大会常务委员会按照每一位代表所代表的一定的人口数来决定。根据十一届全国人大三次会议对该法的修改，规定了今后城市和乡村实行按相同人口比例选举人大代表。2018 年 2 月 24 日，根据公布的第十三届全国人大代表名单，第十三届全国人民代表大会共有代表 2 980 人。

全国人大代表的选举采取无记名投票方式，代表选举一律实行差额选举，代表候选人的名额应多于应选代表名额 1/5～1/2；各政党、各人民团体可以联合或单独推荐候选人，10 名以上代表联名也可推荐候选人，提名不限于该级人大代表；对政党、团体以及代表联名推荐的代表候选人，由选举委员会汇总后，在选举日的 20 日以前公布，并经过酝酿、讨论、协商，根据较多数选民的意见，确定正式代表候选人名单，并在选举日的 5 日以前公布。在选举中，代表候选人获得全体代表过半数的选票始得当选；如获过半数的候选人名额超过应选代表名额时，依得票多少依次确定是否当选；如遇票数相等不能确定当选时，应就得票相等的候选人重新投票。选举结果由人民代表大会主席团依法确定是否有效并予以公布。全国人大代表的选举，由全国人大常委会主持。

《全国人民代表大会和地方各级人民代表大会代表法》规定，全国人大代表每届任期为五年，即从每届全国人大举行第一次会议开始，到下届全国人大举行第一次会议为止；补选代表的任期从补选产生之日到本届人大任期届满为止。

中国地方各级人民代表大会包括省、市、县、乡四级人民代表大会。省、设区的市和自治州的人民代表由下一级人民代表大会间接选举产生的代表组成；县、不设区的市和乡镇两级人民代表大会是由选民直接选举产生的代表组成的。地方各级人大代表来自各地区、各民族、各阶层和各行业。省、市、自治州、盟、县（市）、自治县、市辖区、乡、民族乡、镇等地方各级人民代表大会每届任期五年。

不设区的市、市辖区、县、自治县、乡、民族乡、镇的人民代表大会的代表在由选民直接选举时，其候选人由各选区选民和各政党、各人民团体提名推荐。选举委员会汇总后，在选举日的 15 日以前公布，并交各该选区的选民小组讨论、协商，确定正式代表候选人名单。由选民直接选举的代表候选人名额，应多于应选代表名额 1/3 至一倍，如果所提候选人的人数超过这个比例，由选举委员会交各该选区的选民小组讨论、协商，根据较多数选民的意见，确定正式代表候选人名单；对正式代表候选人不能形成较为一致意见的，进行预选，根据预选时得票多少的顺序，确定正式代表候选人名单。正式代表候选人名单应当在选举日前的 5 日公布。选举时选区全体选民的过半数参加投票，选举有效。代表候选人获得参加投票的选民过半数的选票时，始得当选。

香港特别行政区、澳门特别行政区应选全国人民代表大会代表的名额和代表产生办法，由全国人民代表大会另行规定。目前，香港特别行政区第十三届全国人民代表大会代表有 36 名，澳门特别行政区第十三届全国人民代表大会代表有 12 名。

二、人民代表大会会议

全国人民代表大会既是最高国家权力机关，也是最高民意代表机关，它对全国人民负责，受全国人民监督。全国人民代表大会由省、自治区、直辖市、特别行政区和军队选出的代表组成，全国人大会议每年举行一次，由全国人大常委会召集，如果全国人大常委会认为必要，或者有 1/5 以上的全国代表提议，可以临时召集全国人大会议。《全国人民代表大会组织法》规定，人民代表大会会议期间，全国人大代表按照选举单位组成代表团。全国人大代表一般分为 35 个代表团，即 34 个省级和特别行政区代表团与 1 个人民解放军代表团，各代表团分别推选代表团的团长和副团长。图 2－2 为 2018 年 3 月 5 日第十三届全国人民代表大会第一次会议开幕。

全国人大会议一般有四种层次不同的会议形式。一是预备会议，全国人大每次会议前必须举行预备会议。预备会议由全国人大常委会主持。预备会议的任务主要是：选举本次全国人大会议的主席团和秘书长；通过本次全国人大会议的议程和关于会议其他准备事项的决

图 2-2　第十三届全国人民代表大会第一次会议开幕

定。二是主席团会议，由预备会议选举的主席团是全国人民代表大会会议的领导机构，负责主持全国人大会议。预备会议结束后，即由全国人大常委会委员长召集主席团首次会议。三是全体会议，它是全国人民代表大会行使权力的基本形式。在全国人民代表大会会议期间，往往要召开若干次全体会议，主要是：听取全国人大常委会、国务院、最高人民法院、最高人民检察院的报告，并作出相应的决议；对提交大会的各项议案包括法案进行表决，作出决定；依法选举、决定和罢免中央国家机关的组成人员；决定国家的其他重大问题。四是代表团会议，全国人大代表按照选举单位组成代表团，在大会期间，代表团会议又分为全体会议和小组会议，讨论大会提交给代表的一切事项。此外，代表团可以单独或与其他代表团一起向大会提出议案、质询或罢免案。

地方各级人民代表大会是地方各级国家权力机关。地方国家权力机关就是代表民意、行使本地区内最高权力的国家机关，其他国家机关由它产生，对它负责，受它监督。县以上地方各级人大会议每年至少举行一次。经全体代表的 1/5 提议，可以临时召集本级人民代表大会会议。乡镇级人民代表大会会议由本级人大主席团负责召集。县级以上的地方各级人大举行会议时，一般按选举单位或行政区划将代表组成代表团，以代表团为单位参加会议的各项活动。

县级以上地方各级人民代表大会每次会议举行预备会议，选举本次会议的主席团和秘书长，通过本次会议的议程和其他有关决定。预备会议由本级人大常委会主持。预备会议通过的主席团负责主持本级人大会议。为保证各级人大会议顺利进行，大会期间，地方各级人民代表大会会议设有秘书处。大会秘书处是代表大会会议的工作机构，负责整个会务工作。它一般下设材料组、会务组、组织组、议案组、简报组、后勤组等若干工作班子，负责组织和安排各种会务事项。

三、人大常委会

全国人民代表大会常务委员会是全国人民代表大会的常设机构，它在全国人民代表大会闭会期间，行使最高国家权力，受全国人大的监督，向全国人大负责并报告工作。全国人大常委会由委员长一人、副委员长若干人、秘书长、委员若干人组成。全国人大常委会的组成人员，由每届全国人大第一次会议主席团从代表中提出人选，并在大会全体会议上选举产生。全国人大常委会的每届任期与全国人大每届任期相同，均为五年。同时，全国人大常委会的组成人员不得担任国家行政机关、审判机关和检察机关的职务；如果担任上述职务，则必须向全国人大常委会辞去在常委会的职务。

全国人大常委会设立代表资格审查委员会。代表资格审查委员会的主任委员、副主任委员和委员的人选，由委员长会议在常务委员会组成人员中提名，常务委员会会议通过。代表资格审查委员会审查代表的选举是否符合法律规定。

为保障全国人大常委会依法行使职权，开展工作，全国人大常委会设立了必要的工作机构，主要有：全国人大常委会办公厅、全国人大常委会工作委员会。

每一个工作机构具有不同的职责，并根据工作的需要，又设若干分支机构。例如，全国人大常委会办公厅设有：秘书局、研究室、联络局、外事局、新闻局、信访局、人事局、全国人大信息中心等；全国人大常委会工作委员会设有：法制工作委员会、预算工作委员会、香港特别行政区基本法委员会、澳门特别行政区基本法委员会等。全国人大常委会的工作机构不具有国家权力机关的性质，它们的共同职责是：为全国人民代表大会会议、常委会会议、委员长会议服务；为各专门委员会的工作服务；为全国人大代表和常委会组成人员依法行使职权服务。

中国在县级以上的地方各级人大设立常委会，在大会闭会期间代行代表大会的部分职权。地方各级人大常委会既是权力机关，又是工作机关，地方各级人大常委会由同级人民代表大会选举产生，向同级人民代表大会负责并报告工作，并受同级人民代表大会的监督。省、自治区、直辖市、自治州、盟、设区的市的人大常委会由本级人民代表大会在代表中选举主任、副主任若干人、秘书长、委员若干人组成；县、自治县、不设区的市、市辖区的人大常委会由主任、副主任若干人和委员若干人组成。县级人大常委会不设秘书长。省、自治区、直辖市、自治州、盟、设区的市人大常委会主任、副主任和秘书长组成主任会议；县级人大常委会的主任、副主任组成主任会议。主任会议负责处理常委会的日常工作。常委会委员不得担任行政机关、审判机关和检察机关的职务，如果担任上述职务，必须向常委会辞去常委会委员的职务。

地方各级人大常委会设立代表资格审查委员会。代表资格审查委员会的主任委员、副主任委员和委员的人选，由常务委员会主任会议在常务委员会组成人员中提名，常务委员会会议通过。代表资格审查委员会审查代表的选举是否符合法律规定。

地方各级人大常委会根据工作需要，设立办事机构和其他工作机构。从目前各地人大的实践来看，地方人大常委会设立的办事机构和工作机构主要有：办公厅（室）、法制工作委员会、财政经济工作委员会、城建环保工作委员会、教科卫文体工作委员会、代表工作委员会等。各工作委员会由主任委员、副主任委员和委员组成。工作委员会与专门委员会不同，它的委员既可以是同级人大代表，也可以不是代表而是专门聘请的有关专家。工作委员会不能提出议案。办公厅（室）是协调各工作部门并为它们提供服务的综合性办事机构，一般下设秘书处、研究室、人事处、行政处、信访处等。县级以上的地方各级人民代表大会可以组织关于特定问题的调查委员会。特定问题调查委员会的设立、组成、职权及调查方式与保障有严格的法定程序。

四、人大专门委员会

全国人民代表大会设有若干专门委员会。专门委员会是为协助人大及其常委会行使特定职权而设置的一种经常开展专门性工作的职能机构，是国家权力机关的派生机构。全国人大设立了十个专门委员会：（1）民族委员会；（2）宪法和法律委员会；（3）监察和司法委员会；（4）财政经济委员会；（5）教育科学文化卫生委员会；（6）外事委员会；（7）华侨委员会；（8）环境与资源保护委员会；（9）农业与农村委员会；（10）社会建设委员会。专门委员会在全国人大及其常委会的领导下，负责研究、审议和拟定有关议案。全国人大各专门委员会由主任委员、副主任委员若干人和委员若干人组成。专门委员会的组成人员，由全国人大主席团在代表中提名，大会通过；在大会闭会期间，由全国人大常委会补充任命的个别副主任委员和部分委员的人选，需经委员长会议提名，常委会会议通过。此外，各专门委员会根据工作需要，可以任命专家若干人为顾问，全国人大常委会通过。

关于地方人大的专门委员会，按照《地方各级人民代表大会和地方各级人民委员会组织法》规定，省、自治区、直辖市、自治州、设区的市的人大根据需要，可以设法制（政法）委员会、财政经济委员会、教育科学文化卫生委员会等专门委员会。各专门委员会受人民代表大会的领导，在大会闭会期间，受常委会的领导。各专门委员会由主任委员、副主任委员和若干委员组成，其人选由大会主席团在代表中提名，大会通过产生。在大会闭会期间，常委会可以补充任命专门委员会的个别副主任委员和部分委员。

综上所述，全国人民代表大会和地方人民代表大会的构成大致如上所述。就全国人民代表大会的组织结构而言，具体如图 2－3 所示。

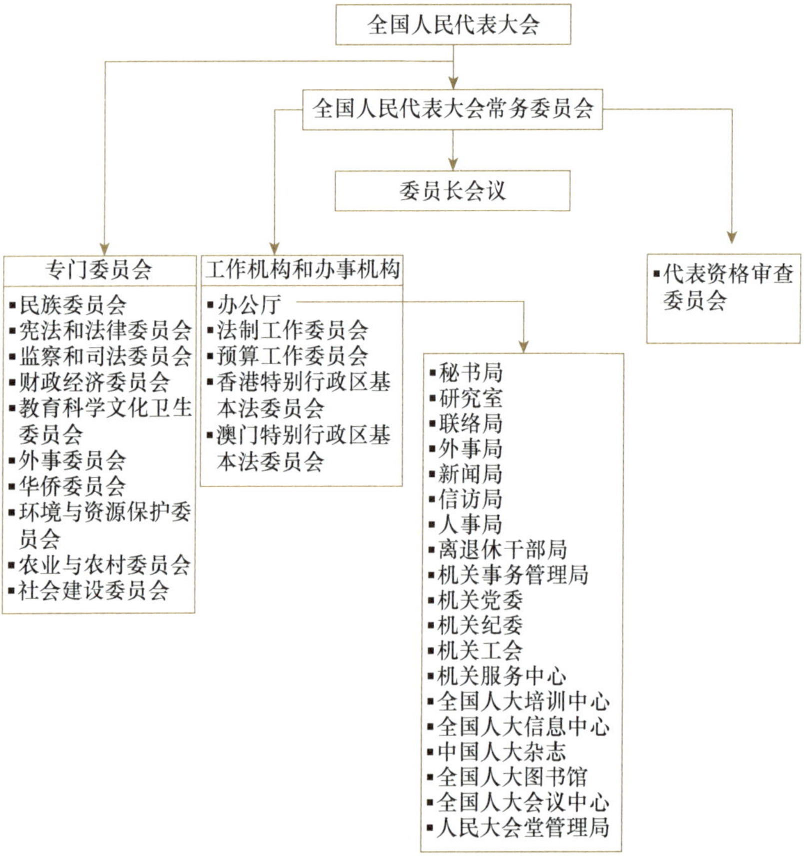

图 2－3　全国人民代表大会组织结构图

第四节　人民代表大会的职权

中国《宪法》明确规定：“中华人民共和国的一切权力属于人民。人民行使权力的机关是全国人民代表大会和地方各级人民代表大会。”人民代表大会拥有国家最高的职权。

一、人大代表的职责权利

人大代表享有广泛的职责权利。全国人大代表的主要职责权利是：（1）代表人民的利益和意志，依照宪法和法律赋予本级人民代表大会的各项职权，参加行使国家权力。（2）模范地遵守宪法和法律，保守国家秘密，在自己参加的生产、工作和社会活动中，协助宪法和法律的实施。（3）与原选区选民或原选举单位和人民群众保持密切联系，听取和反映他们的意见和要求，努力为人民服务。（4）参加本级人民代表大会全体会议、代表团全体会议、小组会议，审议列入大会议程的各项议案和报告。（5）有权依照法律规定的程序向本级人民代表大会提出属于本级人民代表大会职权范围内的议案。（6）有权依照宪法规定的程序向全国人民代表大会提出修改宪法的议案。（7）参加本级人民代表大会的各项选举，对候选人名单提出意见，对确定的候选人，可以投赞成票，可以投反对票，可以另选他人，也可以弃权。（8）在审议议案和报告时，可以向本级有关国家机关提出询问，可以联名提出质询案。（9）有权依照法律规定的程序提出对全国人民代表大会常务委员会组成人员，中华人民共和国主席、副主席，国务院组成人员，中央军事委员会组成人员，最高人民法院院长，最高人民检察院检察长的罢免案。（10）向本级人民代表大会提出对各方面工作的建议、批评和意见。（11）代表在人民代表大会各种会议上的发言和表决，不受法律追究。（12）在本级人民代表大会闭会期间，非经本级人民代表大会常务委员会许可，不受逮捕或者刑事审判。（13）对本级或者下级国家机关和有关单位的工作进行视察。（14）有权依照法律规定的程序提议临时召开本级人民代表大会会议；（15）应邀列席本级人民代表大会常务委员会会议，本级人民代表大会各专门委员会会议，原选举单位的人民代表大会会议，原选举单位的人民代表大会常务委员会会议。

地方人大代表具有下列权利：（1）代表人民的利益和意志，依照宪法和法律赋予本级人民代表大会的各项职权，参加行使国家权力。

（2）模范地遵守宪法和法律，保守国家秘密，在自己参加的生产、工作和社会活动中，协助宪法和法律的实施。（3）与原选区选民或原选举单位和人民群众保持密切联系，听取和反映他们的意见和要求，努力为人民服务。（4）参加本级人民代表大会全体会议、代表团全体会议、小组会议，审议列入大会议程的各项议案和报告。（5）有权依照法律规定的程序向本级人民代表大会提出属于本级人民代表大会职权范围内的议案。（6）参加本级人民代表大会的各项选举，县级以上的地方各级人民代表大会代表有权依照法律规定的程序提出本级人民代表大会常务委员会的组成人员，人民政府领导人员，人民法院院长，人民检察院检察长以及上一级人民代表大会代表的人选，并有权对本级人民代表大会主席团和代表依法提出的上述人员的人选提出意见；乡、民族乡、镇的人民代表大会代表有权依照法律规定的程序提出本级人民政府领导人员的人选，并有权对本级人民代表大会主席团和代表依法提出的上述人员的人选提出意见；对确定的候选人，可以投赞成票，可以投反对票，可以另选他人，也可以弃权。（7）在审议议案和报告时，可以向本级有关国家机关提出询问，县级以上的地方各级人民代表大会代表有权依照法律规定的程序提出对本级人民政府及其所属各部门，人民法院，人民检察院的质询案；乡、民族乡、镇的人民代表大会代表有权依照法律规定的程序提出对本级人民政府的质询案。（8）县级以上的地方各级人民代表大会代表有权依照法律规定的程序提出对本级人民代表大会常务委员会组成人员，人民政府组成人员，人民法院院长，人民检察院检察长的罢免案；乡、民族乡、镇的人民代表大会代表有权依照法律规定的程序提出对本级人民政府领导人员的罢免案。（9）向本级人民代表大会提出对各方面工作的建议、批评和意见。（10）代表在人民代表大会各种会议上的发言和表决，不受法律追究。（11）在本级人民代表大会闭会期间，非经本级人民代表大会常务委员会许可，不受逮捕或者刑事审判。（12）对本级或者下级国家机关和有关单位的工作进行视察。（13）有权依照法律规定的程序提议临时召开本级人民代表大会会议。（14）应邀列席本级人民代表大会常务委员会会议，本级人民代表大会各专门委员会会议，原选举单位的人民代表大会会议，原选举单位的人民代表大会常务委员会会议。

二、各级人民代表大会的职权

人民代表大会作为国家权力机关，拥有神圣、崇高的职权。全国人民代表大会的职权有：(1) 修改宪法。(2) 监督宪法的实施。(3) 制定和修改刑事、民事、国家机构的和其他的基本法律。(4) 选举中华人民共和国主席、副主席。(5) 根据中华人民共和国主席的提名，决定国务院总理的人选；根据国务院总理的提名，决定国务院副总理、国务委员、各部部长、各委员会主任、审计长、秘书长的人选。(6) 选举中央军事委员会主席，根据中央军事委员会主席的提名，决定中央军事委员会其他组成人员的人选。(7) 选举最高人民法院院长。(8) 选举最高人民检察院检察长。(9) 审查和批准国民经济与社会发展规划及规划执行情况的报告。(10) 审查和批准国家的预算与预算执行情况的报告。(11) 改变或者撤销全国人民代表大会常务委员会不适当的决定。(12) 批准省、自治区和直辖市的建置。(13) 决定特别行政区的设立及其制度。(14) 决定战争与和平的问题。(15) 应当由最高国家权力机关行使的其他职权。

地方各级人民代表大会的职权可以概括为：(1) 决定权。县级以上地方人大决定权的内容和范围包括：审查和批准本行政区域内的国民经济和社会发展规划、预算以及它们执行情况的报告；讨论、决定行政区域内的政治、经济、教育、科学、文化、卫生、环境和资源保护、民政、民族等工作的重大事项。乡镇人大在职权范围内通过和发布决议，根据国家规划，决定本行政区域内的经济、文化事业和公共事业的建设规划；审查和批准本行政区域内的财政预算和预算执行情况的报告；决定本行政区域内的民政工作的实施计划。(2) 监督权。地方人大的监督，主要是法律监督和工作监督。法律监督是地方人大的经常性工作，监督的主要内容和范围是：在本行政区域内，保证宪法、法律、行政法规和上级人大及其常委会决议的遵守和执行；撤销本级人民政府所作的不适当的决定、命令；改变或者撤销本级人大常委会的不适当的决议。(3) 任免权。根据宪法、法律的规定，地方各级人大依法选举并有权罢免本级人民政府的正副职领导人，即省长、副省长，自治区主席、副主席，市长、副市长，州长、副州长，盟长、副盟长，县长、副县长，区长、副区长，乡长、副乡长，镇长、副镇长。在人民代表大会闭会期间，地方人大常委会决定政府副职领导人员的个别任免。县级以上的地方各级人大选举并有权罢免本级人大常委会的组成人员；依照《人民法院组织法》和《人民检察院组织法》规定，选举或罢免本级人民法院院长和人民检察院检察长。选出的或决定罢免的人民检察院检察长，须报经上一级人民检察院检察长提请该级人大常委会批准。同时，地方各级人民政府的领导人，县级以上的地方各级人大常委会组成人员、人民法院院长、人民检察院检察长，可以向本级人大提出辞职，由大会决定是否接受辞职。(4) 立法权。省、自治区、直辖市和设区的市的人民代表大会，可以行使地方立法权，制定地方性法规。

三、人大常委会的职权

作为人民代表大会的常设机构，人大常委会在人民代表大会闭会期间行使国家权力。全国人大常委会的职权共有 21 项，归纳起来，主要有下列六个方面的职权：(1) 立法权。主要包括：制定和修改除应当由全国人大制定的法律以外的其他法律；在全国人大会议闭会期间，对全国人大制定的法律进行部分补充和修改，但是不得同该法律的基本原则相抵触。(2) 宪法和法律解释权。宪法规定，全国人大常委会负责对宪法和法律进行解释。这种解释属于立法解释，即对法律条文本身需要进一步明确界限或作补充规定而作的具有法律效力的解释。全国人大常委会所解释的法律，并不限于它自己所制定的法律，也包括由全国人大制定的法律。(3) 监督权。首先是监督宪法的实施。除全国人大有权监督宪法的实施以外，全国人大常委会也有监督宪法实施这一职责。其次是监督国家机关的工作，包括：监督国务院、中央军委、最高人民法院和最高人民检察院的工作；撤销国务院制定的与宪法和法律相抵触的行政法规、决定和命令；撤销各省、自治区、直辖市国家权力机关制定的同宪法、法律和行政法规相抵触的地方性法规和决议。（4）决定权。对国家生活中重大问题的决定权，包括：在全国人大闭会期间，审查和批准国民经济和社会发展规划、国家预算在执行过程中所必须作的部分调整方案；决定同外国缔结的条约和重要协定的批准和废除；规定军人和外交人员的衔级制度和其他专门衔级制度；规定和决定授予国家的勋章和荣誉称号；决定特赦；在全国人大会议闭会期间，如遇到国家遭受武装侵犯或必须履行国际间共同防止侵略的条约的情况，决定战争状况的宣布；决定全国总动员或局部动员；决定全国或个别省、自治区、直辖市进入紧急状态。（5）人事任免权。全国人大常委会的任免范围主要是：在全国人大会议闭会期间，根据国务院总理的提名，决定国务院的部长、委员会主任、审计长、秘书长的人选；在全国人大会议期间，根据中央军委主席的提名，决定中央军委其他组成人员的人选；根据最高人民法院院长的提请，任免最高人民法院副院长、审判员、审判委员会委员和军事法院院长；根据最高人民检察院检察长的提请，任免最高人民检察院副检察长、检察员、检察委员会委员和军事检察院检察长，并且批准各省、自治区、直辖市的人民检察院检察长；决定驻外全权代表的任免。（6）全国人民代表大会授予的其他职权。例如：主持全国人大代表的选举；召集全国人民代表大会的会议，等等。

县级以上的地方各级人大常委会也拥有相应的监督权、决定权、人事任免权，并保证宪法和法律以及上级人大及其常委会的决议在本行政区域的遵守和执行。此外，省、自治区、直辖市和设区的市的人大常委会拥有立法权，在不同宪法、法律、行政法规相抵触的前提下，可以制定地方性法规。

四、人大专门委员会的职权

人大的专门委员会，是在全国人大和地方人大及其常委会领导之下开展工作。全国人大专门委员会的职权是：审议全国人民代表大会主席团或者全国人大常委会交付的议案；向全国人大主席团或者全国人大常委会提出属于全国人大或者全国人大常委会职权范围内同本委员会有关的议案；审议全国人大常委会交付的被认为同宪法、法律相抵触的国务院的行政法规、决定和命令，国务院各部委的命令、指示和规章，省、自治区、直辖市人大及其常委会制定的地方性法规、决议，以及省、自治区、直辖市的人民政府的决定、命令和规章，提出报告；审议全国人大主席团或者全国人大常委会交付的质询案，听取受质询机关对质询案的答复，必要时提出报告；对属于全国人大或全国人大常委会职权范围内与本委员会有关的问题，进行调查研究，提出建议。

地方人大专门委员会的职责是：在本级人大及其常委会领导下，研究、审议和拟订、提出属于它的职权范围内同本委员会有关的议案；研究、审议本级人大常委会送交的有关议案；对属于本级人大及其常委会职权范围内同本委员会有关的问题进行调查研究，提出建议。此外，负责办理主席团、常委会、主任会议交付的其他工作。

第五节　坚持和完善人民代表大会制度

坚持和完善人民代表大会制度，必须推动人民代表大会制度与时俱进。只有推进人民代表大会制度的理论和实践创新，才能发挥人民代表大会制度作为国家根本政治制度的作用。

一、坚持和完善人民代表大会制度的重大工作

在全面深化改革的新形势下，必须毫不动摇坚持人民代表大会制度，同时也要进一步完善人民代表大会制度。当前和今后一个时期，

要着重抓好以下几项重大工作。

1. 加强和改进立法工作

经过改革开放以来的努力，中国特色社会主义法律体系已经形成，国家和社会生活的各方面总体上实现了有法可依，这是已经取得的重大成就，也是今后继续前进的新起点。形势在发展，时代在前进，法律体系必须随着时代和实践发展而不断发展。今后，要加强重要领域立法，确保国家发展、重大改革于法有据，把发展改革决策同立法决策更好地结合起来。要坚持问题导向，提高立法的针对性、及时性、系统性、可操作性，发挥立法的引领和推动作用。要抓住提高立法质量这个关键，深入推进科学立法、民主立法，完善立法体制和程序，努力使每一项立法都符合宪法精神、反映人民意愿、得到人民拥护。

2. 加强和改进法律实施工作

法律的生命力在于实施，法律的权威也在于实施。法令行则国治，法令弛则国乱。各级国家行政机关、审判机关、检察机关是法律实施的重要主体，必须担负法律实施的法定职责，坚决纠正有法不依、执法不严、违法不究现象，坚决整治以权谋私、以权压法、徇私枉法问题，严禁侵犯群众合法权益。要全面落实依法治国基本方略，坚持法律面前人人平等，加快建设社会主义法治国家，不断推进科学立法、严格执法、公正司法、全民守法进程。要深入推进依法行政，加快建设法治政府。各级行政机关必须依法履行职责，坚持法定职责必须为、法无授权不可为，绝不允许任何组织或者个人有超越法律的特权。要深入推进公正司法，深化司法体制改革，加快建设公正、高效、权威的司法制度，完善人权司法保障制度，严肃惩治司法腐败，让人民群众在每一个司法案件中都感受到公平正义。

3. 加强和改进监督工作

人民代表大会制度的重要原则和制度设计的基本要求，就是任何国家机关及其工作人员的权力都要受到制约和监督。各级人大及其常委会要担负起宪法法律赋予的监督职责，维护国家法制统一、尊严和权威，加强对“一府两院”执法、司法工作的监督，确保法律法规得到有效实施，确保行政权、审判权、检察权得到正确行使。地方人大及其常委会要依法保证宪法、法律、行政法规和上级人大及其常委会决议在本行政区域内得到遵守和执行。要加强党纪监督、行政监察、审计监督、司法监督和国家机关内部各种形式的纪律监督。要拓宽人民监督权力的渠道，公民对于任何国家机关和国家工作人员有提出批评和建议的权利，对于任何国家机关和国家工作人员的违法失职行为有向有关国家机关提出申诉、控告或者检举的权利。要健全申诉控告检举机制，加强检察监督，切实做到有权必有责、用权受监督、侵权要赔偿、违法必追究。

在国家法治的各种监督中，人大的监督是最高层次的监督，是具有国家强制力的监督。目前，人大的监督还是一个比较薄弱的环节，有待加强和改进。

首先，要提高对人大监督的认识。近些年来，各级政权机关和党员干部对人大监督的认识总的来说有所提高。但是，在实际工作中，轻视人大监督、非议人大监督和不依法办事的现象仍然存在。行使国家权力的人大有时也出现监督不力，甚至不敢监督的情况。因此，提高各级领导干部对人民代表大会制度的认识，正确认识人大行使监督权是宪法、法律赋予人大的职责，显得十分必要。人大的监督不同于党的监督、社会监督和舆论监督。人大的监督具有法律效力和权威性。因此，要进一步完善人民代表大会制度，还必须强化人大及其常委会对其他国家机关的监督职能，不断提高其权威性。人大的监督包括法律监督和工作监督，法律监督是指人大及其常委会对“一府两院”贯彻执行宪法、法律、法规的督促检查；工作监督主要是指人大及其常委会听取和审议“一府两院”的工作报告。当然，有时法律监督和工作监督是联系在一起的，很难将它们分开。但必须认识到，加强人大及其常委会对其他国家机关的监督，目的在于确保国家机关能依法办事，能始终如一地代表人民，为人民服务，防止其腐败变质。为此，要大力宣传人民代表大会制度，宣传人大监督在国家各种监督中应有的地位和作用。各级人民政府、法院和检察院要自觉接受人大的监督，接受人大的监督就是接受人民的监督。人大监督不是挑刺，它是代表人民利益和意志而进行的具有国家强制力的监督。这种监督既是一种制约，又是一种支持和促进，绝不像有人认为的“强调人大监督会破坏国家机关的关系”。在我国的政治、经济、文化和社会生活中，有各种形式的监督，但无论哪一种监督在法律地位上都比不上人大监督。同样，地方人大及其常委会监督，同其他国家机关、社会组织的监督相比较，也具有最高法律效力。其他国家机关、社会组织以及它们的监督机构，都必须置于人大及其常委会的监督之下。

其次，人大要敢于监督。人大的监督要过硬，是就是，非就非，不要怕得罪人；监督不力，或者在监督问题上瞻前顾后，顾虑重重，甚至讳言监督，实质上就是不敢于监督。从具体关系上说，国家权力机关与“一府两院”在法律地位上是监督与被监督的关系。权力机关是监督者，“一府两院”是被监督者，二者的界限是十分明显的。监督就是要不讲情面，对违法失职的事情就应不予支持。

最后，人大还要善于监督。敢于监督是态度问题，善于监督则是方法问题。人大要善于监督，要抓住人民群众反映十分强烈的“热点”“难点”问题进行监督，要运用各种有效的监督形式，如听取和审议工作报告、审查与批准国民经济和社会发展规划以及财政预算决算、审查规范性文件、组织代表开展调查视察活动等来加强对“一府两院”的监督，提高监督效果，增强监督力度。

4. 加强同人大代表和人民群众的联系

人民代表大会制度之所以具有强大的生命力和显著的优越性，关键在于它深深植根于人民之中。中国国家的名称以及各级国家机关的名称，都冠以“人民”的称号，这是对中国社会主义政权的基本定位。中国有 260 多万名各级人大代表，都要忠实地代表人民利益和意志，依法参加行使国家权力。各级国家机关及其工作人员，不论做何种工作，说到底都是为人民服务。这一基本定位，什么时候都不能含糊、不能淡化。各级国家机关加强同人大代表的联系、加强同人民群众的联系，是实行人民代表大会制度的内在要求，是人民对自己选举和委派代表的基本要求。各级国家机关及其工作人员一定要为人民用权、为人民履职、为人民服务，把加强同人大代表和人民群众的联系作为对人民负责、受人民监督的重要内容，虚心听取人大代表、人民群众的意见和建议，积极回应社会关切，自觉接受人民监督，认真改正工作中的缺点和错误。从根本上说，只有密切人大代表与人民群众的联系，才能使人民代表大会制度具有最广泛、最坚实的群众基础，才能使人大真正成为代表人民利益和意志的国家权力机关。

密切人民代表大会代表与人民群众的关系应注意以下两个方面。

（1）人大代表应自觉履行法律所规定的义务，经常联系本选区选民或选举单位所属地区的人民群众，注意倾听和反映他们的意见、要求。目前特别值得注意的有两点：一是代表联系人民群众的面要扩大。作为整个选区选出的代表，不能仅仅局限于联系自己身边的一部分选民，联系自己所熟悉的少数选民，也不能只联系某一方面、某一职业范围内的选民，而应广泛联系本选区的各个方面的选民。代表联系选民的面越广，反映选民的意见和要求会越全面集中，更具有可靠性。代表联系选民的过程也是不断接受选民监督的过程。二是代表联系选民的时间要有保证。要保持代表与选民的广泛和经常联系，不仅有赖于代表自身的努力，而且人大及其常委会还应为代表联系选民提供条件，其中人大常委会更要密切与代表、人民群众的联系。为此，要逐步建立健全常委会组成人员接待人大代表和群众来访制度，受理人民群众申诉控告制度；在各级人大代表中要建立健全代表小组、代表联系组的活动，常委级人大代表中要建立健全代表小组、代表联系组的活动，坚持常委会组成人员分工联系代表小组、驻会组成人员接待代表日，召开代表座谈会、邀请部分代表列席常委会会议，并及时地向代表寄送有关资料，加强人大与代表的信息联络。

（2）人大与人大代表都要接受选民的监督，自觉接受人民群众的监督。所有的国家机关都要接受人民群众的监督，这是国家的一切权力属于人民的真正体现。人民群众要对人大和人大代表开展监督，必须要有对人民代表大会制度的深刻认识，以及对人民代表大会及其常委会的活动和代表活动有全面的了解，否则，就谈不上监督。在现实生活中，要向人民群众宣传人民代表大会制度的理论知识，使人民群众真正认识到自己是国家的主人，人民代表大会是人民选出的、代表人民行使国家权力的机关。只有当人民群众深刻认识到人民代表大会是国家的根本政治制度，才会关心、监督人大及其常委会的工作，并懂得如何去运用自己的权力。除此之外，国家要创造条件公开各级人大及其常委会的活动情况。选民不了解甚至不知晓人大及其常委会的活动情况，或者很少了解他们的代表在人大会议中的发言、表决、提案和质询等情况，也不清楚代表在平时的活动情况，选民监督、罢免代表就无从谈起，法律规定的人民群众监督国家机关活动的权利和选民监督、罢免代表的权利相应就会落空。同时要通过立法建立人大代表报告制度，规定代表定期向选民报告自己执行代表职务的情况，选民可以对代表评议，并可提出要求，必要时可以依法撤换或罢免代表。只有这样，才能保证人大及其代表始终对人民负责，也才能激发人民群众关心、支持、监督人大的政治热情。

二、加强和改进人民代表大会组织的自身建设

2013 年党的十八届三中全会《决定》指出，人大要“完善中国特色社会主义法律体系，健全立法起草、论证、协调、审议机制，提高立法质量，防止地方保护和部门利益法制化。健全‘一府两院’由人大产生、对人大负责、受人大监督制度。健全人大讨论、决定重大事项制度，各级政府重大决策出台前向本级人大报告。加强人大预算决算审查监督、国有资产监督职能。落实税收法定原则。加强人大常委会同人大代表的联系，充分发挥代表作用。通过建立健全代表联络

机构、网络平台等形式密切代表同人民群众联系”①。2017 年党的十九大报告指出：“加强人民当家作主制度保障。人民代表大会制度是坚持党的领导、人民当家作主、依法治国有机统一的根本政治制度安排，必须长期坚持、不断完善。要支持和保证人民通过人民代表大会行使国家权力。发挥人大及其常委会在立法工作中的主导作用，健全人大组织制度和工作制度，支持和保证人大依法行使立法权、监督权、决定权、任免权，更好发挥人大代表作用，使各级人大及其常委会成为全面担负起宪法法律赋予的各项职责的工作机关，成为同人民群众保持密切联系的代表机关。完善人大专门委员会设置，优化人大常委会和专门委员会组成人员结构。”② 新时代对各级人大及其常委会工作提出了更高要求。要按照总结、继承、完善、提高的原则，推进人民代表大会制度理论和实践创新，推动人大提高工作水平。各级人大及其常委会要坚持正确的政治方向，增强代表人民行使管理国家权力的政治责任感，履行宪法法律赋予的职责。要健全人大常委会组成人员联系本级人大代表机制，畅通社情民意反映和表达渠道，支持和保证人大代表依法履职，优化人大常委会、专门委员会组成人员结构，完善人大组织制度、工作制度、议事程序。各级党委要加强和改善党对人大工作的领导，支持和保证人大及其常委会依法行使职权、开展工作。

坚持和完善人民代表大会制度，使人大及其常委会切实履行宪法、法律赋予的职责，真正发挥应有的职能作用，必须大力加强人大组织的自身建设。

首先，要注重代表和委员的素质与结构。人大代表是国家权力机关的组成人员，应当具备良好的政治素质、道德素质、文化素质、身体素质和参政议政能力。要充分发挥民主，依法办事，做好代表候选人的提名推荐工作，选出各方面素质较好、具有一定的社会活动能力

---

① 中共中央关于全面深化改革若干重大问题的决定. 人民日报，2013-11-16.

② 决胜全面建成小康社会　夺取新时代中国特色社会主义伟大胜利. 人民日报，2017-10-28.

和参政议政能力的人当代表，不要把人大代表当作荣誉职务照顾安排。要逐步改进和健全选举制度，优化代表的知识结构和年龄结构。对新当选的人大代表，要定期地组织学习有关人民代表大会制度的知识，学习各种政治法律知识，交流代表活动经验，不断提高代表素质。对于人大常委会的组成人员，要有更高的标准要求。人大常委会既是权力机关，也是工作机关。不能把人大常委会当作“养老院”“二线机构”。它的组成人员要具有较高的文化程度和一定的政策、法律水平，有较强的社会活动能力和议政能力，能够代表人民的意志，审议和决定国家的重大问题。人大常委会组成人员要形成梯度，既要有一定数量的经验丰富的中老年干部，也要有相当数量的年富力强的年轻干部，同时还应有一定数量的具有专业知识的专家，如经济、法律、教育、科技等方面的专家。人大代表也要增加一线工人、农民、知识分子的代表比例，尤其是要有新阶层的代表，如来自农民工的代表。

其次，要加强人大的组织机构建设。一是建立健全各级人大的专门委员会。随着社会主义民主和法制建设的不断开展，有的专门委员会需要加强，有的还需另增设必要的专门委员会。各级人大现有的专门委员会尚需充实有关专家人员，并制定必要的工作制度，提高工作实效。二是县级以上地方各级人大常委会应加强办事机构的建设，设立必要的工作机构和研究机构，配备一定的工作人员，改善办公条件，使其更好地为本级人大及其常委会依法行使职权服务。

最后，要完善人大工作制度。这主要包括人大及其常委会会议的议事制度和人大常委会办事机构的工作制度。在人大及其常委会会议的议事制度方面，《宪法》和《地方组织法》规定得较为原则。为此，全国人大及其常委会先后制定了议事规则。地方各级人大及其常委会也根据全国人大及其常委会的议事规则制定了相应的工作规划，但目前关键在于认真贯彻落实这些规则，不要让其流于形式。全国人大和地方各级人大要逐步建立健全人大监督制度，明确人大开展质询的程度以及被质询机关的答复的处理方式，具体规定撤销同级政府的不适当的决定的程序和罢免国家机关工作人员的程序。有立法权的地方人大，还要完善地方立法制度，制定必要的地方立法程序。同时，还要制定和完善人大常委会办事机构的工作制度，明确规范各办事机构的工作职责、工作方式，加强办事机构工作人员的思想建设，树立并提高办事机构及其工作人员的优良工作作风。

Contemporary China's Politics

Contemporary China's Politics

第三章

中国共产党领导的多党合作和政治协商制度

3 中国共产党领导的多党合作和政治协商制度

中国的多党合作和政治协商制度，是指中国共产党领导的，以多党合作为基础，有各民主党派、各人民团体、各爱国人士、无党派人士和少数民族代表参加的，以中国人民政治协商会议为组织形式，就国家的大政方针，各族人民经济、政治、文化与社会生活中的重大问题进行民主、平等的讨论和协商的一种制度化安排，是国家的基本政治制度。它根本不同于西方资本主义国家的两党制或多党制，也有别于一些社会主义国家实行的一党制。它是符合中国国情的新型的政党制度。

第一节　多党合作和政治协商制度的形成和发展

中国共产党领导的多党合作和政治协商制度，是在长达半个多世纪的中国历史发展中经受检验、新中国成立后在长期的合作关系基础上形成的。

一、多党合作和政治协商制度的建立

多党合作和政治协商制度植根于中国历史文化，产生于近代以来中国人民革命的伟大斗争之中。

1. 中国资产阶级政党的产生和资产阶级政党政治的破产

1911 年辛亥革命推翻了清王朝的统治，结束了中国两千多年的封建专制制度。当时在“议会政治”的幻想下，各种政治力量纷纷组建政党，一时间政党数目竟达 300 多个，成为中国近代史上政党林立的时代。通过一个时期的斗争和改组，这些政党逐渐演化为三个派系、四大政党的格局。三个派系即资产阶级革命派、立宪派、地主买办阶级派；四大政党即同盟会及其改建的国民党、立宪派组织的民主党、地主买办阶级组织的共和党和统一党。1912 年底，国民党在议

会选举中占了优势，成为议会中的第一大党。这时孙中山、宋教仁等人认为，只要由国民党组成责任内阁，完全实现议会政治，中国从此就可以富国强兵，成为“民主国家”。但是，良好的愿望代替不了严酷的现实。1913 年 3 月，袁世凯等封建反动势力在上海暗杀了力主多党议会制的国民党人宋教仁，袁世凯下令解散国会和各省议会。1914 年 5 月，袁世凯相继公布封建专制主义的《中华民国约法》和《总统选举法》，把总统改为终身制和实质上的继承制。这之后，袁世凯公开称帝，宣告了资产阶级政党政治和议会制度在中国的破产。

1927 年，蒋介石集团叛变革命，破坏了第一次国共合作。南京政府建立以后，在中国实行了一党专政的政党制度，根本不允许其他政党合法存在。国民党血腥屠杀共产党人和革命人民，其一党专政的专横霸道，导致国家、民族陷于危亡的境地。其后，中国人民在共产党的领导下，经过艰苦卓绝的斗争，终于推翻了国民党反动统治。一党专政的政党制度，也被中国人民彻底抛弃了。

2. 中国共产党的诞生和中国政党政治的新时代

多党合作和政治协商制度在中国之所以能成为现实，固然是政党政治发展的历史必然。但是，这种历史必然的实现，却需要一定的条件。最重要的一个条件就是中国共产党的诞生及其领导的革命斗争取得不断的胜利。

在 1919 年“五四运动”中，中国工人阶级第一次作为独立的政治力量登上了历史舞台，显示了强大的战斗力。在“五四运动”的推动下，一批共产主义知识分子开始将马克思主义和中国工人运动相结合，并于 1920 年 8 月以后在上海、北京、济南、长沙以及湖北、广东等地相继建立了共产主义小组和社会主义青年团。1921 年 7 月，各地共产主义小组派代表集合于上海，召开了中国共产党第一次代表大会，成立了中国共产党。中国共产党的产生和发展，开辟了中国政党政治的新时代，形成了多党合作产生和发展的历史必然趋势。中国共产党提出并坚决贯彻反帝反封建的新民主主义革命纲领，为中国革命指明了胜利前进的方向。从此，中国革命有了代表各民主革命阶级和民主革命政党根本利益的奋斗目标，使它们能够团结在一个共同的革命旗帜之下。

3. 中国民主党派的建立及与中国共产党的合作关系

从 1927 年大革命失败后到 1948 年初，在我国先后建立了 12 个民主党派，即：中国国民党革命委员会（简称民革）、中国民主促进会（简称民进），中国民主同盟（简称民盟）、中国民主建国会（简称民建）、中国农工民主党（简称农工党）、中国致公党（简称致公党）、九三学社、台湾民主自治同盟（简称台盟）八个民主党派，以及在新中国成立前后已经解散或并入其他党派的中华民族革命同盟、中国人民救国会、三民主义同志联合会、中国国民党民主促进会四个民主党派。这些民主党派从建立时起，就是以民族资产阶级为主体带有统一战线和阶级联盟性质的政党。它们原来的社会基础主要是民族资产阶级、城市小资产阶级和它们的知识分子，以及一部分其他爱国人士。中国民主党派从建立起就同共产党发生了不同程度的合作关系，经历了由初期联俄反帝，中间走第三条道路到最后接受中国共产党领导的历史过程。中国的民主党派都有反帝反封建和反对国民党独裁统治的要求，希望把中国建设成为独立、民主、富强的新中国。各民主党派共同的最主要的纲领就是反帝爱国和要求民主，这同中国共产党在民主革命时期的纲领基本上是一致的，因此，民主党派能够在中国共产党统一战线政策的影响下，成为无产阶级在民主革命中的重要同盟军，并和中国共产党长期合作，写下了自己光荣的斗争历史。

4. 人民政协的召开和新中国的诞生，正式形成了中国共产党领导的多党合作和政治协商制度

中国共产党同民主党派多党合作关系的建立与发展，并不等于共产党在多党合作关系中领导地位的确立，而决定中国民主党派接受中国共产党领导的原因是“中间路线”的破产和革命在全国胜利大局已

定的形势。抗日战争后期和解放战争初期，在民族资产阶级、上层小资产阶级和部分民主党派中，有少数人主张走“中间路线”，即“第三条道路”，幻想在中国建立一个既不同于国民党的法西斯统治、又不同于共产党的人民民主专政的资产阶级共和国。对这条道路的宣传是从国共两党谈判的恢复及随之而来的中间党派的活跃开始的，到旧政协前后达到高潮；全面内战爆发之后，在中国共产党处于十分困难的一段时间内，这个中间路线的宣传更是甚嚣尘上，变得更系统化、更理论化了。其实，这只是一种幻想，由民主党派领导中国民主革命的道路是走不通的。1947 年 10 月 27 日，国民党政府下令解散民主同盟，其他各民主党派也随之转入地下，另谋出路。国民党政府宣布民盟为非法团体和对其他民主党派的迫害，宣告了中间路线的破产，为民主党派接受中国共产党的领导扫除了障碍，使民主党派大大前进了一步。同时，中国共产党领导的解放战争胜利发展，使国民党一党专政日益崩溃，也为民族资产阶级、上层小资产阶级从旧民主主义转向新民主主义提供了有利条件。经过革命实践的教育，中国民主党派终于摆脱了资产阶级民主的影响，宣布接受中国共产党的领导。这是中国民主党派在政治上的一个重大的飞跃和进步。1948 年 4 月 30 日，中共中央发布纪念“五一”国际劳动节的口号，提出召开新的政治协商会议，成立民主联合政府的号召，各民主党派、各人民团体、无党派民主人士及国外华侨积极响应，参加筹备新政治协商会议。1949 年 1 月 30 日，北平宣布和平解放。6 月 15 日，新政治协商会议筹备会在北平开幕，参加会议的有 23 个单位的代表共 134 人。9 月 17 日，新政治协商会议筹备会第二次全体会议正式决定将新政治协商会议定名为“中国人民政治协商会议”。

1949 年 9 月 21—30 日，中国人民政治协商会议第一次全体会议在北平胜利召开，这次会议讨论并通过了中国人民政治协商会议的组织法、中国人民政治协商会议共同纲领、中国人民政治协商会议会徽（见图 3 - 1），通过了《中华人民共和国中央人民政府组织法》，确定了人民共和国的政权性质、阶级构成及组织形式。这样，中国共产党领导的多党合作和政治协商体制就得到了国家根本大法的法律确认，并受到法律保护。

1949 年 10 月 1 日，中华人民共和国宣告成立，同时，中央人民政府组成。在中央人民政府中有一大批民主党派领导人和其他爱国民主人士担任重要领导职务。在各省、市、区人民政府中，也有一大批民主党派和其他爱国民主人士担任重要领导职务。这样，中国共产党领导的多党合作和政治协商体制，在国家政权组成上得到充分的体现，从而正式形成了中国共产党领导的多党合作和政治协商制度。

图 3-1　中国人民政治协商会议会徽

二、多党合作和政治协商制度的发展

中国共产党领导的多党合作和政治协商制度，从新中国成立后的正式形成到现在，大体上经历了四个发展阶段。

1. 多党合作和政治协商制度的顺利发展阶段（1949—1956 年）

这个阶段多党合作和政治协商制度的发展表现在：（1）以人民政协的共同纲领，作为多党合作的政治基础和行动准则。新中国成立后，各民主党派公开宣布抛弃“中间路线”，拥护新民主主义和人民民主专政，拥护以中国共产党为领导的人民民主统一战线，以共同纲领为各民主党派的政治纲领，并愿为其彻底实现而奋斗。（2）民主党派、民主人士同中国共产党一道参加了政权，共同担负起管理国家和建设国家的历史重任。宋庆龄、李济深、张澜等当选为国家副主席；沈钧儒为最高人民法院院长；马叙伦、章伯钧、罗隆基等被任命为政务院各部部长。地方也有一些民主党派、民主人士担任领导工作。（3）各民主党派在中国共产党的领导下，参加了在全国范围内开展的土地改革、抗美援朝、镇压反革命、“三反、五反”和知识分子改造五大运动，为彻底完成民主革命的遗留任务作出了有益的贡献。（4）人民民主政治体制更加完备，多党合作和政治协商在人民代表大会中发挥重要的作用。1954 年 9 月，第一届全国人民代表大会第一次会议在北京召开，讨论并通过了《中华人民共和国宪法》，从法律上正式确立了中国人民民主统一战线和共产党领导的多党合作及其在国家政治生活中的地位和作用。（5）人民民主统一战线继续巩固和扩大，各民主党派采取为社会主义服务的政治路线。1954 年 12 月，全国政协二届一次会议在北京举行，讨论并通过了《中国人民政治协商会议章程》。新制定的政协章程总纲规定：“中国人民政治协商会议在中国共产党领导下，将继续通过各民主党派、各人民团体的团结，更广泛地团结全国各族人民，共同努力，克服困难，为建设一个伟大的社会主义国家而奋斗。”各民主党派一致表示拥护政协章程和遵守各项规则，并于 1956 年 2—8 月分别召开各党派全国代表大会，修改了各自的章程，宣布以政协章程的总纲作为自己的纲领，采取为社会主义服务的政治路线。（6）“长期共存、互相监督”方针的提出。1956 年 4 月，毛泽东指出：“究竟是一个党好，还是几个党好？现在看来，恐怕是几个党好。不但过去如此，而且将来也可以如此，就是长期共存，互相监督。”① 这一方针的明确提出，是中国共产党统一战线理论和政策在新形势下的深化和发展。（7）经常召开有民主党派人士参

---

① 毛泽东．毛泽东文集：第 7 卷．北京：人民出版社，1999：34.

加的最高国务会议、双周座谈会和协商座谈会等。

2. 多党合作和政治协商制度的曲折发展阶段（1957—1965 年）

1957 年下半年，受“左”的指导思想的影响，反右派斗争严重扩大化，民主党派的一些领导人和成员被错划为右派分子。将与共产党长期合作的民主党派说成是“资产阶级政党”，这严重地打击了民主党派的政治积极性，损害了多党合作和政治协商的进程。1958 年下半年以后，中共中央和毛泽东开始察觉“左”的错误，相继召开了一系列会议，积极纠正“大跃进”和人民公社运动中出现的“左”的错误，同时在多党合作方面提出了“一张一弛”的方针，积极调整党派关系，为克服经济困难共同奋斗。这对维护中国共产党同各民主党派的团结，稳定全国政治形势起了重要作用。但是 1962 年以后，“左”的思想又有所抬头，两次批判统战部，颠倒了是非，严重破坏了多党合作和政治协商。这种“左”的错误一直发展到“文化大革命”。

3. 多党合作和政治协商制度遭到严重破坏的阶段（1966—1976 年）

在十年“文化大革命”中，林彪、江青反革命集团利用中国共产党党内“左”的错误，煽动、怂恿一些幼稚无知的“红卫兵”，向民主党派和无党派人士发起了狂暴的冲击，使多党合作遭到极大破坏。各民主党派从中央到地方组织被诬蔑为“牛鬼蛇神的黑窝子”，他们的政党活动被诬蔑为“反动活动”，发展组织被批判为“招兵买马”，并勒令封门交印、自行解散，停止一切活动。与此同时，大批民主党派负责人及其成员被抄家、揪斗，有的被隔离审查和非法遭逮捕关押，有的被下放，制造了大量的冤假错案。

4. 多党合作和政治协商制度的大发展阶段（1977 年以后）

粉碎“四人帮”以后，特别是党的十一届三中全会以后，多党合作和政治协商制度在新时期有了前所未有的大发展。（1）坚决拨乱反正，逐步清除“文化大革命”和以前的“左”的错误，进一步明确了民主党派的性质、任务、地位和作用，使民主党派的工作重新走上正轨。(2) 通过平反甄别、落实政策，给民主党派及其成员恢复了政治名誉，妥善地处理了许多历史遗留的问题，并举荐民主党派代表人物参加人大、政府和政协的工作。(3) 明确提出了实行多党合作的“十六字”方针，即共产党要同一切党外朋友建立“长期共存、互相监督、肝胆相照、荣辱与共”的关系。(4) 各民主党派工作空前活跃。它们根据各自的优势，独立自主地开展各项工作，如面向社会办学和咨询服务，组织智力支边，开展对外经济交流，促进祖国统一等。特别是在政治协商、民主监督方面，发挥了特殊的作用。(5) 在组织上有了新的发展。八个民主党派的组织和成员的现有情况是：民革在全国共有 30 个省级委员会、267 个市级委员会、52 个县级委员会，共有党员 101 865 人。民盟共有成员 23 万余人，其中教育界占 56.6%，文化艺术新闻出版界占 5.8%，科技医卫界占 17.7%；省级组织 30 个，市、县级组织 410 个，盟员中有 1.7 万余人担任各级人大代表和政协委员，有 917 人担任县处级以上政府部门的领导工作，还有一些人担任特约检察员、特邀监察员、特约审计员、国土资源监察专员、教育督导员、特约监督员。民盟成员中，有许多人在自己的专业岗位上做出了出色的成绩，享誉国际或获得国家表彰。民建在全国 30 个省、自治区、直辖市和大中城市都建立了组织，现有成员 14 万多人，大多数为经济界和其他方面的代表性人士。其中，有 3 338 人担任各级人大代表，16 637 人担任各级政协委员，3 709 人担任区、县级以上各级政府和司法机关领导职务，还有 4 152 人担任各级特邀、特约监察员、检察员职务。民进在全国 29 个省、自治区、直辖市建立了地方组织，有市县级组织 326 个，基层组织 7 484 个，会员 14.5 万余人，平均年龄 50.8 岁，全会成员中有各级人大代表 2 210 人，各级政协委员 12 226 人，其中全国人大代表 55 人，全国政协委员 79 人，在政府和司法机关担任处级以上领导职务的 1 043 人。农工党在除西藏、香港、澳门及台湾地区以外的 30 个省、自治区、直辖市建立了组织，党员总数 12.56 万人。致公党党员总数 30 000 多人。九三学社有 30 个省级组织，289 个设区市市级组织，27 个县级市组织，5 236 个基层组织，全国社员总数已达 132 000 余人。社员中担任各级人大代表的共有 1 938 人，担任各级政协委员的共有 10 029 人，担任县处级以上政府及司法机关领导职务的共有 1 042 人。台盟在 18 个省、直辖市建立了组织，现有成员 2 700 多人。截至 2012 年底，八个民主党派成员总数达 80 多万人，地方组织数量为 2 404 个，基层组织数量为 37 639 个。(6) 逐步走向制度化、规范化。1989 年 12 月，中共中央经与各民主党派共同研究协商制定和颁布的《中共中央关于坚持和完善中国共产党领导的多党合作和政治协商制度的意见》系统地阐明了我国多党合作的基本理论和政治原则，提出了坚持和完善多党合作与政治协商制度的重要措施。

第二节　多党合作和政治协商的组织形式

中国人民政治协商会议（简称人民政协），是中国统一战线与多党合作和政治协商的组织形式，它既不同于一般人民团体，也有别于西方国家议会的上院。它是马列主义和中国国情相结合的产物，是人民民主的重要实现形式。

一、人民政协的组织构成及其特色

作为多党合作和政治协商组织的人民政协，基本上是由中国共产党、各民主党派、各人民团体及无党派人士组成。目前，人民政协全国委员会的界别设有 34 个，它们是：中国共产党、中国国民党革命委员会、中国民主同盟、中国民主建国会、中国民主促进会、中国农工民主党、中国致公党、九三学社、台湾民主自治同盟、无党派人士、中国共产主义青年团、中华全国总工会、中华全国妇女联合会、中华全国青年联合会、中华全国工商业联合会、中国科学技术协会、中华全国台湾同胞联谊会、中华全国归国华侨联合会、文化艺术界、科学技术界、社会科学界、经济界、农业界、教育界、体育界、新闻出版界、医药卫生界、对外友好界、社会福利和社会保险界、少数民族界、宗教界、特邀香港人士、特邀澳门人士和特别邀请人士。中国人民政治协商会议设全国委员会和地方委员会。政协第十三届全国委员会委员共有 2 158 人，其中香港特别行政区有 124 人，澳门特别行政区有 29 人。政协地方委员会主要包括省、自治区、直辖市的政协委员会和自治州、盟、设区的市、县、自治县、不设区的市、市辖区的政协委员会。

在多党合作和政治协商的人民政协组织中，最具特色的是中国有八大民主党派。中国的《宪法》规定，“中华人民共和国是工人阶级领导的、以工农联盟为基础的人民民主专政的社会主义国家”。与这种国体相适应的政党制度就是中国共产党领导的多党合作和政治协商制度。中国并不是一党制的国家，而是多党制的国家。这样的多党合作制度，包括了中国共产党和八个民主党派。八个民主党派和中国共产党的多党合作制度，是一种新型的政党制度，在中国的政治和社会生活中显示出独特的政治优势和强大的生命力，发挥了不可替代的重大作用。

在人民政协中，八个民主党派具有鲜明的组织特征，它们是作为各自所联系的一部分社会主义劳动者、社会主义事业建设者和拥护社会主义爱国者的政治联盟。1947 年 11 月，由中国国民党民主派和其他爱国民主人士组成的中国国民党革命委员会在香港举行第一次联合会议，1948 年 1 月 1 日宣布成立。它以同原中国国民党有关系的人士、同民革有历史联系和社会联系的人士、同台湾各界有联系的人士以及其他人士为对象，着重吸收其中有代表性的中上层人士和中高级知识分子。中国民主同盟于 1941 年 3 月 19 日在重庆秘密成立，当时名称是中国民主政团同盟。1944 年 9 月，中国民主政团同盟在重庆召开全国代表会议，决定将中国民主政团同盟改为中国民主同盟（简称民盟）。民盟主要由从事文化教育以及科学技术工作的中高级知识分子组成。中国民主建国会（简称民建）于 1945 年 12 月 16 日由爱国的民族工商业者和有联系的知识分子发起，在重庆成立。民建主要由经济界人士组成。中国民主促进会（简称民进）成立于 1945 年 12 月 30 日，以文化教育出版界知识分子为主，还有一部分工商界爱国人士。民进主要由从事教育文化出版工作的中高级知识分子组成。中国农工民主党于 1930 年 8 月 9 日由国民党左派领导人邓演达在上海主持召开了第一次全国干部会议，成立中国国民党临时行动委员会，1935 年 11 月 10 日改名为中华民族解放行动委员会，1947 年 2 月 3 日改名为中国农工民主党。农工民主党主要由医药卫生界中高级知识分子组成。中国致公党于 1925 年 10 月由华侨社团发起，在美国旧金山成立。1947 年 5 月，致公党在香港举行第三次代表大会，进行改组，成为一个新民主主义的政党。致公党成员以归国海外侨胞为主，致力于团结海外华人。九三学社于 1944 年底由一批进步学者为争取抗战胜利和政治民主，继承和发扬"五四运动"的反帝爱国与民主科学精神，在重庆组织了民主科学座谈会。为纪念 1945 年 9 月 3 日抗日战争和世界反法西斯战争的伟大胜利，改建为九三学社。1946 年 5 月 4 日，在重庆正式召开九三学社成立大会。九三学社主要由科学技术界中高级知识分子组成。台湾民主自治同盟（简称台盟）由一部分从事爱国主义运动的台湾省人士于 1947 年 11 月 12 日在香港成立。台盟由台湾省人士组成。八个民主党派具有广泛的群众基础，能够卓有成效地反映社会各方面的利益、愿望和诉求，畅通和拓宽社会利益表达渠道，协调利益关系，照顾同盟者利益，从而保持社会的和谐稳定。

二、人民政协的任期与职权

政协全国委员会每届任期五年，必要的时候可以延长任期或提前举行下届委员会议。政协全国委员会设主席一人，副主席若干人和秘书长一人。政协全国委员会全体会议每年举行一次，由常务委员会召集，常务委员会认为有必要的时候，可以提前或者延期召集。政协全国委员会全体会议行使下列职权：(1) 修改中国人民政治协商会议章程；(2) 选举全国委员会的主席、副主席、秘书长和常务委员会委员；(3) 听取和审议常务委员会的工作报告；(4) 讨论本会重大工作方针、任务并作出决议；(5) 参与对国家大政方针的讨论，提出建议和批评。

政协全国委员会常务委员会由政协主席、副主席、秘书长和常务委员组成。他们由政协全国委员会全体会议选举产生。政协全国委员会常务委员会行使下列职权：(1) 解释中国人民政治协商会议章程，监督章程的实施；(2) 召集并主持中国人民政治协商会议全国委员会全体会议，每届第一次全体会议前召开全体委员参加的预备会议，选举第一次全体会议主席团，由主席团主持第一次全体会议；(3) 组织实现中国人民政治协商会议章程规定的任务；(4) 执行全国委员会全体会议的决议；(5) 全国委员会全体会议闭会期间，审查通过提交全国人民代表大会及其常务委员会或国务院的重要建议案；(6) 根据秘书长的提议，任免中国人民政治协商会议全国委员会副秘书长；(7) 决定中国人民政治协商会议全国委员会工作机构的设置和变动，并任免其领导成员。

常务委员会会议分为常务委员会会议、主席会议和专题座谈会三种。常务委员会会议由主席、副主席、秘书长、常务委员参加，一般每季度举行一次；主席会议由主席、副主席、秘书长参加，会议一般每个月举行一次；常委会专题座谈会不定期举行。座谈会的主要任务是：(1) 就某项专门问题听取有关部门的报告，并讨论协商，提出建议和批评；(2) 听取重要的视察报告、专题调查报告、提案报告等，并进行讨论座谈，提出补充建议和意见；(3) 座谈会根据议题和需要，请有关的常务委员、专门委员会的委员和本会副秘书长、各局室负责人参加。图 3-2 为中国人民政治协商会议第十三届全国委员会第一次会议。

图 3-2　中国人民政治协商会议第十三届全国委员会第一次会议

政协全国委员会的组织机构有专门委员会和办公厅。政协全国委员会根据工作的需要和常务委员会的决定，在不同的时期设立不同的专门工作机构。现在，设立了十个专门委员会作为活动机构，即提案委员会、经济委员会、农业和农村委员会、人口资源环境委员会、教科卫体委员会、社会和法制委员会、民族和宗教委员会、港澳台侨委员会、外事委员会、文化文史和学习委员会。办公厅负责政协全国委员会和专门委员会的日常工作（见图 3-3）。

中国人民政治协商会议的地方委员会延伸到县一级单位。省、自治区、直辖市设中国人民政治协商会议的省、自治区、直辖市委员会；自治州、盟、设区的市、县、自治县、不设区的市和市辖区，凡有条件的地方，均可设立中国人民政治协商会议各该地方的委员会。省、自治区、直辖市、自治州、盟、设区的市、县、自治县、不设区的市和市辖区的地方委员会每届任期五年，政协各地方委员会设主席、副主席若干和秘书长。

中国人民政治协商会议的各级地方委员会全体会议，每年至少举行一次。其职权有下列四项：（1）选举地方委员会的主席、副主席、秘书长和常务委员；（2）听取和审议常务委员会的工作报告；（3）讨论并通过有关的决议；（4）参与对国家和地方重要问题的讨论，提出

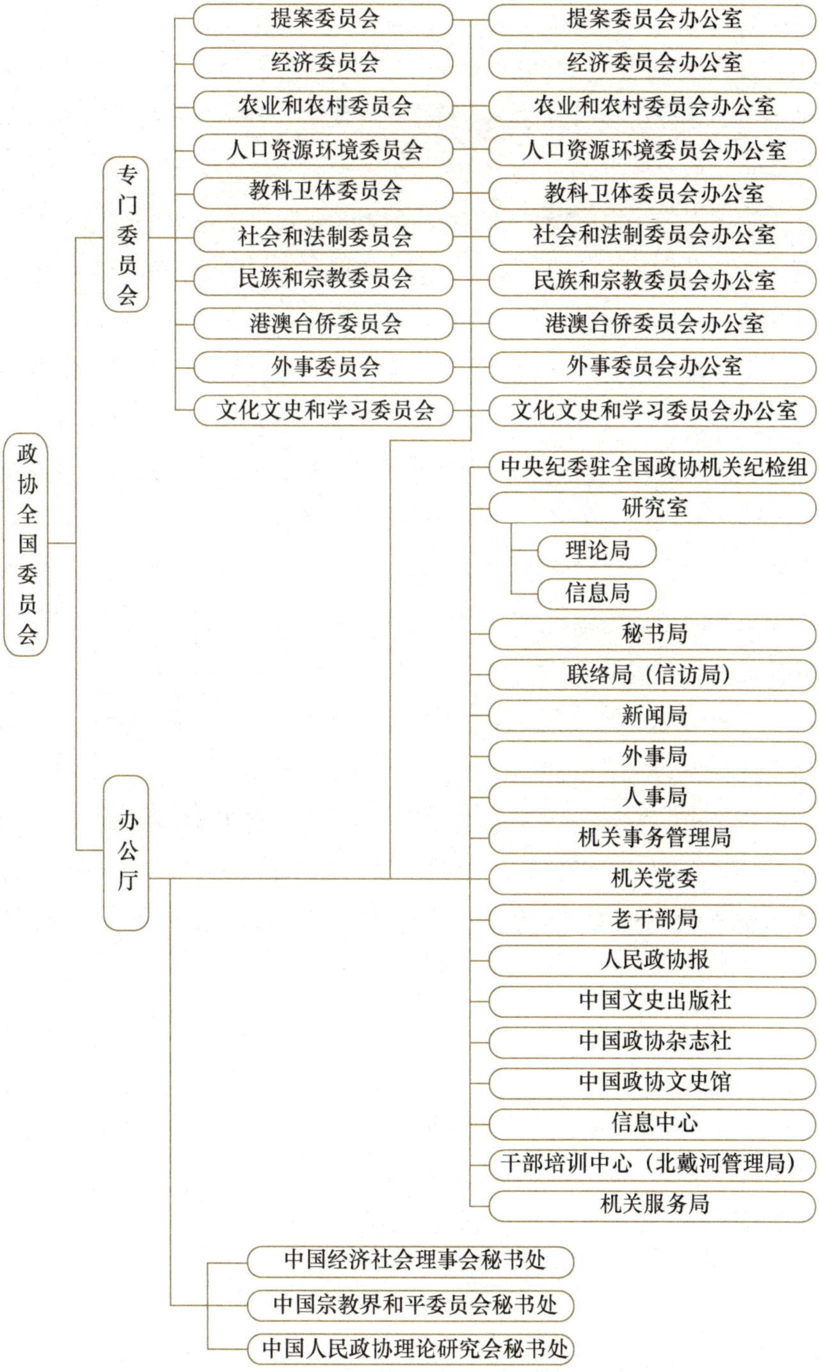

图 3-3　政协全国委员会工作机构

建议和批评。政协各地方委员会设常务委员会主持会务。常务委员会由地方委员会主席、副主席、秘书长和常务委员组成，其候选人由参加各该地方委员会的各党派、团体、各民族和各界人士协商提名，经全体会议选举产生。

中国人民政治协商会议的各级地方委员会常务委员会行使下列职权：(1) 召集并主持地方委员会全体会议，每届第一次全体会议前召开全体委员参加的预备会议，选举第一次全体会议主席团，由主席团主持第一次全体会议；(2) 组织实现中国人民政治协商会议章程规定的任务和全国委员会所作的全国性的决议以及上级地方委员会所作的全地区性的决议；(3) 执行地方委员会全体会议的决议；(4) 地方委员会全体会议闭会期间，审议通过提交同级地方人民代表大会及其常务委员会或人民政府的重要建议案；(5) 根据秘书长的提议，任免地方委员会的副秘书长；(6) 决定地方委员会工作机构的设置和变动，并任免其领导成员。

中国人民政治协商会议各级地方委员会的主席主持常务委员会的工作。副主席、秘书长协助主席工作。主席、副主席、秘书长组成主席会议，处理常务委员会的重要日常工作。政协各级地方委员会可以按照需要设立副秘书长一人至数人，协助秘书长进行工作。省、自治区、直辖市的地方委员会设立办公厅，其他工作机构的设置，按照当地的实际情况和工作需要，由常务委员会决定。自治州、盟、设区的市、县、自治县、不设区的市和市辖区的地方委员会的工作机构的设置，按照当地的实际情况和工作需要，由常务委员会决定。根据政协章程的规定，政协全国委员会对地方委员会的关系和地方委员会对下一级地方委员会的关系是指导关系。地方委员会对全国委员会的全国性的决议，下级地方委员会对上级地方委员会的全地区性的决议，都有遵守和履行的义务。

三、人民政协的性质与作用

中国共产党领导的多党合作和政治协商，是通过多种方式实现的，而人民政协则是实现多党合作和政治协商的重要组织形式。各民主党派的成员在这里是以党派代表的身份，同中共和社会各方面人士，就有关国家大政方针和群众生活中重大问题，以及重要人事安排进行民主协商。通过人民政协的协商和各种活动表现出来的中共同各民主党派之间的合作关系，不是共产党同某一个党派的合作，而是同所有党派的合作。

人民政协不同于经过普选产生的人民代表大会。它是中国各主要政治力量的代表会议，是一个民主协商机关。它的代表并不是由普选产生，其中一部分是由中国各政党自行推选出来，另一部分无党派人士则是经事前协商而后产生的。中国共产党作为执政党，既要处理好党和国家的关系，又要处理好党和各政治联盟的关系。一方面，党把自己的主张通过人大按照法定程序变成国家意志，并通过人大实行权力监督；另一方面，党把自己的主张通过政协同党外人士民主协商，集思广益，并通过政协实行民主监督。

政协章程对于人民政协的组织和性质有着明确的规定。如 1982 年通过的，经 1994 年、2000 年和 2004 年修改的《中国人民政治协商会议章程》第二十条规定："中国人民政治协商会议全国委员会由中国共产党、各民主党派、无党派人士、人民团体、各少数民族和各界的代表，香港特别行政区同胞、澳门特别行政区同胞、台湾同胞和归国侨胞的代表以及特别邀请的人士组成，设若干界别。"第 21 条规定："凡赞成本章程的党派和团体，经中国人民政治协商会议全国委员会常务委员会协商同意，得参加中国人民政治协商会议全国委员会。个人经中国人民政治协商会议全国委员会常务委员会协商邀请，亦得参加中国人民政治协商会议全国委员会。"

人民政协经过近 70 年的发展，已逐渐形成了较为完善的组织系统，从中央到省、市、县四级基本实现了哪里有党政机关，哪里就有政协。随着社会主义民主政治的逐步发展，人民政协的工作职能也在不断加强。人民政协与多党合作和政治协商制度，已成为当代中国发展社会主义民主政治的重要渠道，发挥了巨大的作用。这些作用主要有如下几方面。

（1）有利于加强和改进中国共产党的领导。第一，能够促进共产党决策的科学化和民主化。作为执政党的中国共产党，不论是制定路线、方针和政策，还是纠正政策执行中的某些失误，仅靠本身力量是不够的，必须同民主党派和各界人士合作、协商，在民主的基础上，广开思路，广开言路。第二，能够帮助共产党消除官僚主义和腐败现象。各民主党派作为一支相对独立的政治力量，是实行人民监督的重要形式，由他们监督执政党，对克服官僚主义和腐败现象，搞好廉政建设，有着不可忽视的作用。

（2）有利于促进国家政治生活民主化的进程。社会主义民主的本质是人民当家作主，享有管理国家和社会事务的权力。中国是一个封建专制历史悠久的国家，社会主义民主政治在中国的发展时间还很短，人民的民主意识比较淡薄，这与中国的人民当家作主的国家性质很不适应，因此，发扬社会主义民主，促进国家政治生活民主化，是社会主义现代化建设的根本目标和根本任务之一。很多政协委员是知名的民主人士，有娴熟的政治知识和经验，他们通过政协组织就国家的方针、政策以及国家和社会生活中的重大问题进行平等的、民主的政治协商，能使党和国家的方针政策更加切合实际，更加符合广大人民的利益和要求，更能为各方面的群众理解和接受。同时，政协组织通过广泛而灵活多样的形式对各种政治活动实行民主监督，就不至于背离人民的意志和利益。

（3）有利于促进社会主义经济建设、文化建设的发展。各级政协委员大多数或具有丰富的政治阅历和政治经验，或具有较高的文化水平和专业知识，人民政协是一个拥有密集、多学科、高水平和经验丰富的“综合型人才库”。他们协助引进国外和港澳台地区的资金、技术和人才，促进对外经济贸易和文化交流。他们通过多种途径积极开办各种业余教育和专业培训，为社会主义现代化建设培养各级、各类人才。政协中各民主党派还开展经济、文化、科技、医疗卫生等多方面的咨询服务，以先进的科学技术和文化知识促进边疆少数民族地区和落后地区的经济文化建设。

（4）有利于促进祖国统一大业的实现。振兴中华、统一祖国既是爱国统一战线在新的历史时期的根本目标，也是人民政协的重要历史使命。政协委员中不少人社会联系广，海外关系多，他们与台湾地区当局人士及港澳特区各阶层人士存在着多种社会关系。人民政协利用这一社会资源作为中间桥梁和媒介，举办各种活动，宣传国家统一的方针、政策，增进大陆与台湾及港澳各阶层人士的相互理解和信任，对于实现祖国的统一有着巨大的推动作用。人民政协密切开展了各地区的联谊交流，共同致力于实现祖国统一和中华民族伟大复兴。全面、准确地贯彻“一国两制”“港人治港”“澳人治澳”的高度自治方针，严格依照宪法和基本法办事，及时向港澳委员通报内地经济社会发展情况和政协工作情况。加大对港澳青少年的工作力度，组织以港澳政协委员为主导的青年社团代表到内地进行体验式学习考察，让他们亲身感受国家的发展成就，增强国家意识。坚持“九二共识”的共同政治基础，以科技、法律、文化交流为纽带，加强同台湾岛内有关社会组织和团体的沟通合作，推进全国政协委员与台湾民意代表机制化交流，为促进两岸关系和平发展汇集力量。深化与海外侨胞和归侨侨眷团结联谊，邀请海外侨胞列席政协会议、参加政协活动，围绕中高端留学人才回国创业等调研考察。

（5）有利于促进人民外交事业的发展。随着对外开放的发展，人民政协的外事工作已成为我国人民外交活动的重要组成部分。全国政协配合全国人大、外交部、对外友协、外交协会、中联部等单位，与来自世界各国的各方面人士举行会议和座谈。通过这些活动，宣传了我国对外开放政策、现代化建设的成就和中国共产党领导的多党合作和政治协商制度，增进了我国与国际友人之间的交往，同时也扩大了人民政协的国际影响。

第三节　多党合作和政治协商的基本特点

中国共产党领导的多党合作和政治协商制度，是当代中国的基本政治制度。这一制度体现了中国特色社会主义的优势，具有很多鲜明的特点。

一、坚持中国共产党领导

习近平总书记指出，“做好人民政协工作，必须坚持中国共产党的领导。中国共产党的领导是包括各民主党派、各团体、各民族、各阶层、各界人士在内的全体中国人民的共同选择，是中国特色社会主义最本质的特征，也是人民政协事业发展进步的根本保证。人民政协事业要沿着正确方向发展，就必须毫不动摇坚持中国共产党的领导。”① 人民政协要始终坚持中国共产党的领导、人民当家作主、依法治国有机统一，自觉把中国共产党的决策部署贯彻到人民政协工作中去，准确把握人民政协的性质、地位、职能和作用，坚定不移地走中国特色社会主义政治发展道路，风雨如磐不动摇。

中国共产党对多党合作和政治协商制度的领导的含义，正如《中共中央关于坚持和完善中国共产党领导的多党合作和政治协商制度的意见》指出的，“中共对各民主党派的领导是政治领导，即政治原则、政治方向和重大方针政策的领导”。这里所说的“政治原则”的领导，主要是指多党合作和政治协商制度必须坚持宪法确认的四项基本原则，即坚持社会主义道路，坚持人民民主专政，坚持共产党的领导，坚持马列主义、毛泽东思想和中国特色社会主义理论。这里所说的“政治方向”的领导，是指多党合作和政治协商制度必须始终不渝地坚持社会主义方向，建设中国特色社会主义，实现社会主义现代化。这里所说的“重大方针政策”的领导，就是根据马克思主义的基本原理，从当前中国所处的社会主义初级阶段的实际出发，制定出行之有效的方针政策。

二、共同致力于社会主义事业

中国共产党领导的多党合作和政治协商制度是建立在共同政治目

---

① 习近平．在庆祝中国人民政治协商会议成立 65 周年大会上的讲话．人民日报，2014-09-22.

标基础上的。早在新民主主义革命时期，中国共产党与各民主党派在反帝爱国和要求民主的共同目标下，结成了反对帝国主义、封建主义和官僚资本主义的同盟。中华人民共和国成立前夕，中国共产党与各民主党派一起参加了中国人民政治协商会议第一次全体会议，参加了中华人民共和国的成立工作。中华人民共和国成立后，中国共产党同各民主党派一起制定《共同纲领》，遵循1954年第一届人民代表大会通过的《中华人民共和国宪法》，带领广大人民群众从新民主主义有步骤地过渡到社会主义。在新的历史时期，随着国家工作重点的转移，各民主党派也都把各自的工作重点转到为社会主义现代化建设服务的轨道上来，为实现社会主义现代化建设、完成祖国统一和振兴中华而奋斗。

当前，中国共产党与各民主党派的共同目标，就是要全面贯彻社会主义初级阶段“一个中心、两个基本点”的基本路线，把中国建设成为富强、民主、文明、和谐、美丽的社会主义国家。各民主党派都把这一目标写进了新时期修改的《中国人民政治协商会议章程》，强调要与共产党一道，为建设中国特色社会主义事业而共同奋斗。

三、构建新型的政党关系

中国共产党与各民主党派的关系，是一种新型的社会主义政党关系。它突出地表现在两个方面：

一是中国共产党尊重各民主党派在宪法范围内的政治自由、组织独立和法律上的平等地位。中国的八个民主党派都是合法政党。这种合法性已得到宪法的承认和保护，它们都有自己的纲领、章程和组织机构。在宪法和法律允许的范围内，民主党派在思想上可以发挥独立思考、唱“对台戏”的精神；在政治上可以自由发表对国家大政方针的意见，表明自己的态度；在组织上可以独立地开展各种活动，自由地决定内部机构、人数安排和人员发展。中共历来尊重并保证各民主党派在宪法范围内的政治自由、组织独立和法律上的平等地位，支持它们独立自主地开展工作和活动，不介入、不干涉它们的内部事务，也不包办代替它们决定自己的问题。应当指出，各民主党派享有政治自由、组织独立和法律地位平等与其接受共产党的领导不是对立的，而是统一的。本着相互监督的精神，中国共产党也可以而且应该就民主党派工作中的重大问题，在方针政策和政治思想上给它们以真诚的帮助。这样做，不但不妨碍民主党派的组织独立，而且有利于民主党派把握正确的政治方向，克服工作中的困难，更好地发挥其作用。

二是“长期共存、互相监督、肝胆相照、荣辱与共”，这是中国共产党同各民主党派合作的基本方针。所谓“长期共存”，是说只要阶级还没有最后消灭，共产党还存在，中国共产党领导的多党合作和政治协商制度就要长期坚持下去。所谓“互相监督”，是说中国共产党同各民主党派在合作中互相提意见、作批评。由于中国共产党处于执政的地位，互相监督首先是各民主党派对中国共产党的监督。与此同时，各民主党派也要接受中国共产党的监督。所谓“肝胆相照、荣辱与共”，是说中国共产党与各民主党派间的亲密合作关系。在社会主义建设新时期，民主党派的成员都是国家的主人翁，中国共产党和各民主党派都有着共同的奋斗目标和根本利益。既然大目标是一致的，自然成则共荣，败则共辱；既然根本利益是一致的，自然彼此之间只有披肝沥胆，分忧分劳。当然，矛盾是会发生的，不同的意见也是存在的，但这些都是在根本利益一致基础上的矛盾和分歧。对于这种矛盾和分歧，通过民主协商，可以运用“团结—批评—团结”的公式加以解决。中国共产党同各民主党派之间的“肝胆相照、荣辱与共”的关系，体现了中国“一党领导、多党合作”的政党体制的优越性。在西方国家的多党制或两党制中，各政党为了争夺执政地位，为了各自利益而彼此对立，互相倾轧。

第四节　多党合作和政治协商的职能

中国共产党领导的多党合作和政治协商制度，在当代中国的政治格局和政治生活中具有重大的功能和作用，产生了巨大的影响。多党合作和政治协商的职能有如下几个方面。

一、参加政权

参加政权，是指在保证共产党的领导和执政的前提下，各民主党派以一定数量的成员选入全国人民代表大会和地方各级人民代表大会，并依法定程序以一定数量成员出任全国和地方各级人民政府及司法机关的领导职务，参与国家大政方针和国家领导人选的协商，参与国家事务的管理，参与国家方针、政策、法律、法规的制定执行。中国共产党领导的多党合作和政治协商制度的内容，首要的是各民主党派参加政权。共产党是执政党，在国家政权中占多数要职、实职是理所当然的。各民主党派是参政党，在国家政权中也应占一定的比例。这个比例应该按照中央的要求和地方的具体情况来确定。参加政权，是民主党派作为参政党的本质要求。中国民主党派参加政权的特点在于：

（1）中国各民主党派的参加政权不同于西方国家一些政党的参加政权。在西方国家，有些政党在竞选中由于一党的力量不能取得多数席位、独掌政权，便联合某些弱小政党联合执政。这些参加政权的政党也可视之为参与执政。然而，这种参加政权与中国的民主党派参加政权是有根本区别的。从性质上看，西方国家政党的参加政权，实质上是相互竞争的政党在争夺政权的斗争中，采取一种妥协的办法来瓜分权力；而中国各民主党派的参加政权，则是代表一部分人民群众（他们各自所联系的一部分社会主义劳动者、社会主义建设者和拥护社会主义、拥护祖国统一的爱国者）来参与执政，是人民当家作主的一种体现。从内容上看，西方国家政党参加政权一般限于参与执政，主要限于行政权；而在中国，各民主党派参加政权后的参与执政，不限于国家政权，更不限于其中的行政权，而是涉及以政权为中心的中国社会政治生活的各个重要方面和领域，有着广泛的内容。从形式上看，西方国家政党参加政权主要是在政府或内阁中占有席位；而中国民主党派的参加政权，既可以是以人民代表的身份参加国家权力机关和以公务员的身份参加各级政府与政法机关工作的方式来实现，也可以是通过人民政协——多党合作的重要组织形式，通过参加基层单位民主管理等多种方式来实现，有着丰富多样的内容和形式。

（2）中国民主党派“参加国家政权”有别于西方国家的多党“联合执政”：首先，民主党派接受中国共产党的领导，不是西方国家的多党联合执政。中国民主党派在政权中的地位，相对于执政党，是参政党；相对于在野党、反对党，又是与中国共产党通力合作、共同致力于社会主义事业的亲密友党。其次，民主党派成员担任人大代表，是通过中国共产党与各民主党派协商联合推出候选人，依照法律程序选出的。他们在人大中以人民代表的身份，依照宪法及全国人民代表大会组织法、全国人民代表大会议事规则等法律法规进行活动，不能组织议会党团，不能以所属党派的身份进行活动。最后，民主党派成员在政府中担任领导职务，不是根据中国共产党和民主党派在人大代表中人数的多少来分配席位，而是由中共统战部门、组织部门经过考察和培养，经过同民主党派协商，推荐适合任职的人选，依法任命的。

参加政权后，在政府中任职的民主党派成员，他们在思想上和组织上无疑同民主党派有所联系，但他们在政府机关中的工作，不是代表民主党派，而是同政府部门任职的中国共产党党员一样，都是国家机关干部和公务员，必须严格遵守法律、法规，全心全意为人民服务。

二、政治协商

政治协商，是指中国共产党和各民主党派人士直接交换意见，沟通思想，商讨问题。它既有利于中国共产党听取各方面的意见，宣传解释自己的主张，取得各方面的支持和协助，促进决策的科学化、民主化，也有利于民主党派发挥参政议政的作用。它是我国社会主义民主政治的一大特色。

政治协商的内容主要包括以下几个方面：国家改革开放的重要方针政策；政府工作报告；国家财政预算；国家经济与社会发展规划；国家政治生活方面的重大事项；将要由全国人大及其常委会审议的重要法案和决议案；中共中央与中央国家机关重要人事安排；国家行政区划的重要变动；外交方面的重要方针政策；有关国家统一方面的重要方针政策；有关群众生活的重大问题；各党派之间的共同事务；政协内部的重要事务以及有关统一战线的其他重要问题。

政治协商的形式大体上有这样几种：一是中共中央主要领导人邀请各民主党派主要领导人和无党派的代表人士举行民主协商会，就中国共产党将要提出的大政方针问题进行协商。这种会议一般每年举行一次。二是中共中央主要领导人根据形势需要，不定期地邀请民主党派主要领导人和无党派人士举行高层次、小范围的谈心会，就共同关心的问题自由交谈、沟通思想、征求意见。三是由中国共产党召开民主党派、无党派人士座谈，通报或交流重要情况，传达文件，听取民主党派、无党派人士提出的政策性建议或讨论某些专题。这种会议大致每两个月举行一次。有的座谈会也通过中共全国政协党组来组织。四是除会议协商之外，各民主党派、无党派人士就国家大政方针和现代化建设中的重大问题向中国共产党提出书面的政策性建议，或约请中共负责人交谈。以上各种协商形式，也通行于中共地方党委和民主党派地方组织之间。

三、民主监督

民主监督，是中国共产党同各民主党派在共同政治原则的基础上，互相提意见、作批评。就其主要方面来说，是民主党派对执政的中国共产党和各级人民政府进行监督。

民主党派对执政的中国共产党和各级人民政府的民主监督的主要内容，包括：国家宪法、法律和法规的实施情况；党和政府制定重大方针政策以及重要改革方案的贯彻执行情况；国民经济和社会发展规划以及财政预算执行情况；党政机关工作人员履行职责、遵纪守法等情况。

民主党派民主监督的主要渠道有：一是通过人民政协发挥其民主监督作用。由于民主党派是人民政协的基础部分，人民政协就成了民主党派发挥监督作用的重要渠道。二是通过参加政权发挥其民主监督作用。民主党派成员参加政权，与执政的中国共产党合作共事，就包含监督在内。三是通过参加民主协商会、座谈会、谈心会等发挥其民主监督作用。很多情况下，协商本身就意味着监督，监督包含着协商。例如对某一人事安排的协商过程本身又意味着对党和政府人事工作的监督。四是在社会服务的过程中发挥其民主监督作用。民主党派广泛而经常地开展各种社会服务，如提供科技和经济信息、咨询、支边、兴办文化教育事业、社会考察、对外科技文化交流等，既是贯彻党和国家方针政策的过程，也是发现问题、调查研究和解决问题，发挥其民主监督作用的过程。

四、参政议政

参政议政，即参与政治、议论政治，是指各民主党派对政治、经济、文化和社会生活中的重要问题以及人民群众普遍关心的问题，开展调查研究，反映社情民意，进行协商讨论。通过调研报告、提案、建议案或其他形式，向中国共产党和国家机关提出意见和建议。中国政协的参政议政既是人民政协履行职能的重要形式，也是党政领导机关经常听取参加人民政协的各民主党派、人民团体和各族各界人士的意见和建议、切实做好工作的有效方式。

参政议政的内容主要有：选择人民群众关心、党政部门重视、政协有条件做的课题，组织调查和研究，积极主动地向党政领导机关提出建议性的意见；通过多种方式，广开言路，广开才路，充分发挥委员专长和作用，为改革开放和社会主义现代化建设献计献策；广泛参与政治、经济、文化和社会活动，对一些共同关心的事项开展评议，等等。

参政议政的主要形式有：反映社情民意、各种协商例会、各种专题议政会、专题研讨会、专题调研、委员视察、考察、政协委员参与中共党委与政府统一组织的检查和巡视。

第五节 坚持和完善多党合作和政治协商制度

坚持和完善多党合作和政治协商制度，要做好团结和民主两大主题的工作。人民政协作为爱国统一战线组织，要切实履行参加政权、政治协商、民主监督、参政议政职能，认真做好协调关系、理顺情绪、增进共识、加强团结的工作。通过不断坚持和完善多党合作和政治协商制度，努力汇聚实现“两个一百年”奋斗目标和中华民族伟大复兴中国梦的磅礴力量。

一、进一步加强和改善中国共产党的领导

中国共产党既是中国特色社会主义事业的领导核心，也是爱国统一战线的领导核心，这是历史的选择、人民的选择。做好人民政协工作，最根本的是要坚持党的领导。党对人民政协的领导，主要体现在政治领导、思想领导、组织领导，体现在坚持和完善中国共产党领导的多党合作和政治协商制度，体现在政协党组织团结带领广大政协委员坚定贯彻执行党的路线、方针、政策。同时，中国共产党对多党合作的领导主要依靠基本路线和正确政策，依靠自己的坚定性，依靠广大党员的先锋模范作用。此外，还要善于把正确的政策与良好的工作方法结合起来，要与民主党派人士平等协商，认真听取意见，自觉接受监督，充分尊重民主党派人士的意见和权益。协商民主是实现党的领导的重要方式，在政协工作中尤为重要。政协党组织向党委提出的政协年度协商计划等重要建议，都应该在充分听取广大政协委员意见，并和党外人士平等协商后产生；政协的一切重要活动都应该在充分协商后，依章程、按程序实施。平等协商、相互尊重不是形式，而是做好政协工作的保证，是党的优良作风在政协工作中的体现。为

此，中国共产党一方面要按照新的历史任务的要求，制定正确的路线、方针、政策，又要在领导体制、领导方式、活动方式等方面进行改革，以适应社会主义现代化建设的需要；另一方面，应当加强和改进思想建设、组织建设、作风建设、制度建设和反腐倡廉建设，使党员的素质、党组织的战斗力不断提高，坚决反对党内消极腐败现象。

统一战线部门要经常检查对民主党派政策的执行情况，加强同民主党派各方面代表人物的联系，并给予热情关心和帮助，真正成为党外人士之家；克服包办代替作风，积极创造条件，协助民主党派做好工作。对于民主党派内部关系问题，应根据有利于工作、有利于团结的原则，促进它们的内部团结。对于民主党派人士在思想、作风、工作上的缺点，甚至错误，要立足于帮，做好转化工作。

二、完善多党合作和政治协商的实现机制

参加政权、政治协商、民主监督、参政议政是我国多党合作和政治协商的基本内容，只有不断地完善这些实现机制，才能充分发挥我国多党合作和政治协商制度的作用。

（1）要扩大民主党派人士在各级政权机关及职能部门的实职安排。为此，在协商人大区域代表候选人数时应注意民主党派合格人选的数额，并以适当形式使选民了解候选人中的民主党派成员；在组织政府班子时也应注意安排民主党派的合格人员任职。要切实保证民主党派参政人员有职、有权、有责。职、权、责三者不可分离。担任一定职务，就要有与其职务相应的职权和责任，一方面要保证参政人员有职、有权，另一方面应要求他们守职尽责。为此，要做到合理分工、知情出力和尊重职权。要按照干部的德才标准，切实做好民主党派中优秀代表人物的发现、考察、培养、举荐和安排工作。积极选配符合任职条件的民主党派人士到政府及其有关部门和司法机关担任领导职务，做到成熟一个，配备一个。

（2）要努力改进和完善政治协商机制。为此，要努力做到选准协商议题，必须抓住重点、难点和群众关心的热点问题。否则，就难免

出现事无巨细都得协商和该协商的而未协商的倾向，影响民主协商作用的发挥。协商之前要知情，知情是协商的基础，只有知情，才能献计出力。必须事先通知，使参加协商的人知情，并给予酝酿、调查、学习和准备意见的时间。协商形式要灵活，如对全局的决策问题和统一战线内部的重要事务，应当采取会议形式协商；对工作任务中的重点、难点问题，可采取现场协商的形式来解决；对群众关心的热点问题，则可采取建议案的形式协商。协商效果要落实，只有把协商中提出的意见和建议付诸实施，才能发挥效益。

（3）要进一步加强民主监督。应做到“唱对台戏”。这里所说的“对台戏”是指在接受共产党领导的前提下，在社会主义的共同立场上，在宪法和法律范围内，提意见、作批评，使决策尽可能民主化、科学化。在讨论中，对于某些问题的解决，民主党派可以提出与共产党不同的方案，争相论辩，以求最后达成共识，然后按法定程序作出裁定，之后如果还存在不同意见仍可保留。

（4）要进一步搞好参政议政。参政议政是政治协商和民主监督的拓展和延伸，具有十分广泛的内容。参政议政应包括选择人民群众关心、党政部门重视、政协有条件做的课题，组织调查和研究，积极主动地向党政领导机关提出建设性的意见；通过多种方式，广开言路，广开才路，充分发挥委员的专长和作用，为改革开放和社会主义现代化建设献计献策等。

三、加强政协组织机关和政协委员队伍建设

政协机关是人民政协这一政治组织的办事机构。要发挥多党合作与政治协商制度的作用，必须加强政协组织和机关的建设。

首先，要在思想上明确政协机关的性质和任务。政协机关是政治机关，是具体体现中国共产党统一战线政策和工作的机构，既有与一般党政机关相同的地方，又有自身的特点和规律。它既是政治性的，又是服务性的，但更多是服务性的，对机关的政治要求，主要寓于服务性工作中。它的任务是为重要活动提供服务。

其次，要建立健全适合机关工作特点的组织机构和工作制度。人民政协组织机构的设置，事关政协职能的发挥和任务的履行，因此，有必要对政协机构，特别是对地方政协机构的改革问题进行研究，使之逐渐趋向合理。

最后，要提高政协委员的素质和参政意识。要坚持在确保界别的前提下择优选择委员。在确定委员人选的实践中，既要注意界别的广泛性，又要考虑年龄、知识结构、参政能力等因素。要尽量吸收那些社会贤达、专家学者、上层人物和特殊利益群体的代表人物出任政协委员，保证政协成为名副其实的“智囊团”。应把那些忠于原则、长于合作、善于知情、肯于出力、敢于直言的人选到政协组织中来，使政协组织成为既善于政治协商，又长于民主监督的政治群体。要切实发挥政协委员联系群众的桥梁纽带作用。全国有 60 多万名各级政协委员，把他们紧密团结在党的周围，并通过他们广泛团结和联系起更多群众，就能为实现中华民族伟大复兴的中国梦汇聚更大力量。要切实增强群众观念和服务意识，以国家大局为重，以民生关切为念，深入界别群众和基层群众之中，多做雪中送炭、扶贫济困的工作，多做春风化雨、解疑释惑的工作，自觉做党的政策宣传者、群众利益维护者、社会和谐促进者，让广大人民群众感到政协委员就在身边、人民政协离自己很近。要鼓励政协委员履行民主监督职能，探索民主监督的有效形式，支持他们反映群众诉求，提出批评意见，帮助党和政府改进工作。政协委员中的共产党员要自觉践行“三严三实”要求，增强政治意识、大局意识、核心意识、看齐意识，带头弘扬党的统一战线和老一辈革命家的优良传统，善交朋友、广交朋友、深交朋友，以自己的模范行为，更好地团结广大委员和各界人士，为实现党的总目标、总任务共同奋斗。

四、广泛凝聚思想政治共识和扩大团结面

共识是合作共事之基、团结奋斗之要。人民政协必须始终把增进思想政治共识作为重大政治任务，落实到履行职能的全部工作之中。

凝聚共识最重要的是正确处理一致性和多样性关系，坚持求同存异。在人民政协中，“同”是基础和前提，就是共同致力坚持和发展中国特色社会主义、实现中华民族伟大复兴的中国梦，这是我们团结奋斗的最大思想政治共识和最大公约数；“异”是客观现实和重要特征，政协委员来自各个方面，利益诉求、知识背景、社会阅历、生活方式等不尽相同，对某个具体问题的看法和认识总会存在差异，随着社会发展和时代变迁，有些差异在减少和消弭，同时还可能出现新的差异。一致性是共同思想政治基础的一致，多样性是利益多元、思想多样的反映，必须在尊重多样性中寻求一致性，具体意见有分歧，但在基本原则上要有共识；思想观念有不同，但在社会主义核心价值观上应聚共识。要坚持爱国主义，弘扬天下为公、兼容并蓄、崇尚和合等中华民族优秀传统文化，自觉立足于社会主义初级阶段基本国情，立足于“五位一体”总体布局和“四个全面”战略布局，在各种履职活动中更加广泛地凝聚发展共识、改革共识、法治共识、反腐败共识和价值观共识等，做到增进一致而不强求一律、尊重差异而不扩大分歧、包容多样而不弱化主导，自觉抵制和反对一切违背、损害和削弱共同思想政治基础的言行，不断巩固已有共识，凝聚新的共识。

要进一步扩大团结面。为适应我国经济社会发展状况和社会阶层结构深刻变化，人民政协必须把加强大团结摆在更加突出的位置，团结的面越宽越好，团结的人越多越好，团结的同心圆越大越好。要切实尊重和保障党外人士民主权利，加强对各党派团体参加政协共同性事务的协商，不断深化中国共产党同党外人士的合作共事。要积极拓展工作领域，不忘老朋友，结交新朋友，多交挚友和诤友，进一步加强同党外知识分子、民族宗教代表人士、港澳台同胞和海外侨胞等的团结联谊，密切与非公有制经济人士、新的社会阶层人士、出国和归国留学人员等联系沟通，通过各种议政平台和交流渠道，更多地创造有序参与协商、合理表达诉求的条件。

为此，人民政协要更好地把握团结联谊工作特点。政协联系和服务各族各界代表人士，要积极探索新形势下团结联谊工作的有效方法，切实做到以道相交同甘苦、以诚相交见肝胆、以志相交共奋斗。始终坚持平等议事，有平等才能沟通、有平等才有信任，参加协商的各方都应该遵循协商民主原则，要表达也要倾听，要批评也要谅解，要勇于坚持真理也要自觉修正不足，不强加于人，不心怀成见，不因人废言，在讨论对话中深化思想认识，不断加强团结目标下的民主和民主基础上的团结。始终坚持真诚服务，把加强思想引导同提高能力素质结合起来，帮助委员知情明政，更好地服务履职工作。始终坚持良好作风，待之以诚、以诚示人，动之以情、以情感人，晓之以理、以理服人，靠人格品行、靠作风形象，不断增进思想认同和政治认同。始终坚持探索创新，鼓励专门委员会、界别和政协机关更多地开展恳谈交流、走访看望等特色联谊活动，适应信息化要求开通政协官方微博，充分发挥门户网站等作用，让广大委员更加便捷地履职尽责，更多地感受政协组织的关怀和温暖。

Contemporary China's Politics

Contemporary China's Politics

第四章

民族区域自治制度

4 民族区域自治制度

中国的民族区域自治制度，是指在国家统一领导下，各少数民族聚居的地方实行区域自治，设立自治机关，行使自治权的法律规定。中国历史上一直是一个统一的多民族国家。各民族在长期的历史交往过程中，共同劳动、共同生活、共同斗争，形成了大杂居、小聚居的分布状况，经济、政治、文化各方面建立了密切联系，中国各族人民只有团结战斗，才能取得革命胜利，获得解放。中华人民共和国成立以后，各族人民也只有紧密团结在统一的国家内，才能建设社会主义，实现共同发展、共同繁荣。在统一的国家内实行民族区域自治，这是在中国的具体条件下解决民族问题的正确选择。

第一节　民族区域自治制度的建立和发展

中国是一个统一的多民族国家。在长期的历史发展中，中国各民族之间形成了血肉相连的联系。特别是近代以来，外国资本主义、帝国主义势力侵入中国，中国成为半殖民地半封建国家，各族人民共同遭受帝国主义、封建主义和官僚资本主义的残酷压迫和剥削，使各民族人民的命运更加紧密地联系在一起。同时，由于长期形成的民族压迫制度，各民族的政治地位是不平等的，少数民族地区的经济、文化发展较落后，少数民族人民遭受的苦难十分深重。因此，如何正确地解决民族问题，不仅是推翻帝国主义、封建主义、官僚资本主义三座大山的压迫，争取民主革命胜利的重要任务，而且也是建立和巩固社会主义制度所面临的一个重大问题。

一、民族区域自治制度的建立

在新民主主义革命时期，中国共产党就提出了实现中华民族的彻底解放和实现各民族平等团结的设想和主张。20 世纪 20 年代后期，中国共产党提出了“统一中国，少数民族章程自定”的主张。1931 年制定的《中华苏维埃共和国宪法大纲》规定："各民族可以在中华苏维埃共和国之中成立自治区域。"在震撼世界的二万五千里长征途中，中国共产党在宁夏成立了预海县回民自治政府（1935 年），在原西康省甘孜地区成立了中华苏维埃博巴自治政府（1935 年）。1938 年 11 月，在党扩大的六届六中全会上，毛泽东提出了各少数民族有自己管理自己事务之权，同时与汉族联合建立统一的国家的主张。1941 年，中国共产党公布的《陕甘宁边区施政纲领》中明确规定："依据民族平等原则，实行蒙、回民族与汉族在政治、经济、文化上的平等权利，建立蒙、回民族的自治区。"根据这一规定，边区政府在陕甘宁边区分别建立了自治地区，初步积累了在少数民族聚居的地方实行民族区域自治的经验。这可以说是民族区域自治制度的最初萌芽形式。

党的七大是团结全国人民、打败日本侵略者、建立新中国的历史转折点。党的七大后，中国共产党将民族区域自治确定为正确解决中国民族问题的基本政策。在 1946 年召开的旧政治协商会议上，中共代表团提出了《和平建国纲领草案》，主张"在少数民族区域，应承认各民族的平等地位及其自决权"。1947 年 5 月 1 日，内蒙古自治区在同民族分裂分子的斗争取得胜利的基础上正式成立（见图 4－1）。这是在中国建立的第一个规模较大的民族自治政府。内蒙古自治区的建

图 4－1　内蒙古自治区政府成立大会（1947 年 5 月 1 日）

立，使内蒙古地区少数民族人民第一次有了平等的政治权利，这对于团结和动员少数民族人民争取新民主主义革命的全面胜利发挥了重大作用，同时也为新中国成立以后在各少数民族聚居的地方全面实行民族区域自治提供了良好的范例。

1949年中华人民共和国的成立，开创了中国各民族平等、团结和共同繁荣的新时代，为民族区域自治政策的制度化、法律化提供了充分的条件，从而使民族区域自治成为中国社会主义政治制度的重要组成部分。在中华人民共和国成立初期起临时宪法作用的《中国人民政治协商会议共同纲领》中，不仅在总纲部分承认了各民族一律平等的原则，而且把“民族政策”列为专章，规定了“各少数民族聚居的地区，应实行民族的区域自治，按照民族聚居的人口多少和区域大小，分别建立各种民族自治机关”。1952年，中国颁布了《中华人民共和国民族区域自治实施纲要》。《实施纲要》分别对民族区域自治的基本原则、自治区的划分、自治机关的设置、自治权的范围、自治区内的民族关系以及上级人民政府的领导原则等方面，作了较明确具体的规定。《实施纲要》的颁布施行，使中国的民族区域自治初步走向制度化、法律化，民族区域自治制度得到推广和发展。1954年制定的《中华人民共和国宪法》，总结了1949年以来推行民族区域自治制度的经验，在“总纲”和“国家机构”两章中，对民族区域自治制度的基本原则和具体体制分别作出了明文规定，明确确定中国“各少数民族聚居的地方实行民族区域自治”的总原则，至此，民族区域自治制度就以国家根本法的形式，正式确立下来。

二、民族区域自治制度的发展

民族区域自治制度自产生之日起，就成为崭新的、富有强大生命力的制度。60多年来，在中国实行的民族区域自治制度，对于维护国家统一，巩固民族团结，发展少数民族经济、文化事业起到了重大作用。但是，民族区域自治的发展道路并不平坦，其实行过程有过反复和曲折。与在实践中不断得到巩固和完善的其他社会主义制度一样，民族区域自治制度也是在实践中得到发展并逐渐趋于完善的。

从 20 世纪 50 年代后期滋长起来的“左”的思想，曾给中国民族区域自治制度造成了重大破坏。在社会主义改造基本完成以后，由于中国实行民族区域自治的经验不足，特别是由于“左”的错误影响，对国内的民族关系曾作出错误估计，产生了忽视少数民族地区的特殊性、急于消除民族差别的主张，从而在实行民族区域自治中发生了一些失误。例如，在“以阶级斗争为纲”的支配下，错误强调“民族问题的实质是阶级问题”，在少数民族地区搞阶级斗争扩大化，不适当地开展反对地方民族主义的斗争，伤害了许多少数民族干部、群众和上层人士。在相当长一个时期内，对少数民族的自治权尊重不够，把自治机关的自主权和一般地方国家机关的职能等同对待，从而使宪法规定的某些自治权名存实亡。在“文化大革命”中，民族区域自治制度更是遭到了灾难性的破坏。1975 年的宪法将 1954 年宪法中“民族自治地方的自治机关”一节的六个条文删减至一个条文，只是空洞地说明，民族自治地方的自治机关可以依照法律规定行使自治权，至于自治机关究竟行使哪些自治权，并未加以具体说明，这就为实行民族区域自治带来很大困难。

粉碎“四人帮”后，特别是党的十一届三中全会召开以后，经过拨乱反正，不断清理和排除在对待和处理民族问题上的错误和干扰，民族区域自治制度得到了正确贯彻实行，并在实施过程中得到进一步的发展和完善，走上了健康发展的轨道。1982 年制定的宪法，把关于民族问题的规定置于十分重要的地位，对民族区域自治制度的规定比历次宪法都完备和具体：它不仅全面恢复了 1954 年宪法的有关规定，而且根据中国新时期的总任务和少数民族发展的新情况，对民族区域自治制度进一步作出重要修改和补充。

为了保证 1982 年宪法关于民族区域自治制度的各项规定能够真正贯彻实施，1984 年 5 月 31 日，由六届全国人大二次会议审议并通过了《中华人民共和国民族区域自治法》，2001 年九届全国人大常委会第二十次会议又作出修正。《民族区域自治法》是在总结中国 30 多年实行民族区域自治的正反两方面经验教训的基础上，结合中国新时期的总任务，为使民族区域自治进一步制度化、法律化、定型化创立出来的一个基本法律。《民族区域自治法》中的规定，涉及经济、政治、文化和社会各个方面，是宪法关于民族区域自治制度规定的具体化。《民族区域自治法》的规定，既保证了国家的统一领导和党的方针、政策在民族自治地方的贯彻执行，又照顾到各民族自治地方的特殊性，保证各民族自治地方充分行使自治权，能够根据本地的需要和特点，发展各项建设事业。

现在，全国除汉族以外，还有 55 个少数民族，这些少数民族主要分布在中国的边远地区。根据最近一次的全国第六次人口普查（2010 年），各少数民族人口为 11 379 万人，占全国人口的 8.49%，而第五次人口普查（2000 年）时为 10 643 万人，占全国人口的 8.41%（见图 4－2）。中国已建立 155 个民族自治地方。在 55 个少数民族中，有 44 个少数民族建立了自治地方，其中包括 5 个自治区、30 个自治州、120 个自治县（旗）、990 个民族乡（民族苏木）。11 个因人口较少且聚居区域较小而没有实行区域自治的少数民族中，有 9 个建有民族乡。实行区域自治的少数民族人口占少数民族总人口的 71%，民族自治地方的面积占全国国土总面积的 64%左右。

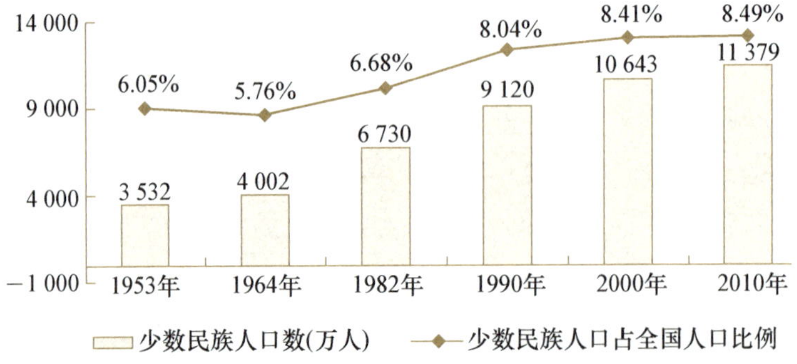

图 4－2　少数民族人口数及占全国人口比例

第二节 民族区域自治制度的自治权和作用

在中国，实行民族区域自治是为了保证区域自治的少数民族在本自治地方范围以内，充分享有当家作主的权利。如果在法律制度上对少数民族自主管理本民族内部事务的自治权利不加以充分肯定，对自治权利的范围不加以具体规定，或者虽然法律上规定了，但实际上却无法实行，那么，少数民族当家作主的权利就会落空，民族区域自治制度也就会成为没有什么实际意义的空洞形式。所以，只有充分尊重和保障民族自治机关所行使的自治权利，才能实现少数民族在社会主义国家的政治生活中当家作主的权利，也才会有真正的民族区域自治。

一、民族区域自治制度的自治权

自治权是民族区域自治制度的实质和核心问题。根据《宪法》和《民族区域自治法》的规定，自治机关的自治权主要有以下几个方面。

1. 自主管理本民族、本地区的内部事务

民族自治地方各族人民行使宪法和法律赋予的选举权和被选举权，通过选出人民代表大会代表，组成自治机关，行使管理本民族、本地区内部事务的民主权利。中国 155 个民族自治地方的人民代表大会常务委员会中都由实行区域自治的民族的公民担任主任或者副主任，自治区主席、自治州州长、自治县县长全部由实行区域自治的少数民族公民担任（见图 4－3）。为切实保障自治机关充分行使管理本民族、本地区内部事务的政治权利，上级国家机关和民族自治地方的自治机关采取各种措施，大量培养少数民族各级干部和各种科学技术、经营管理等专业人才。图 4－4 为西藏自治区少数民族人大代表占全区人大代

表总数比例图。

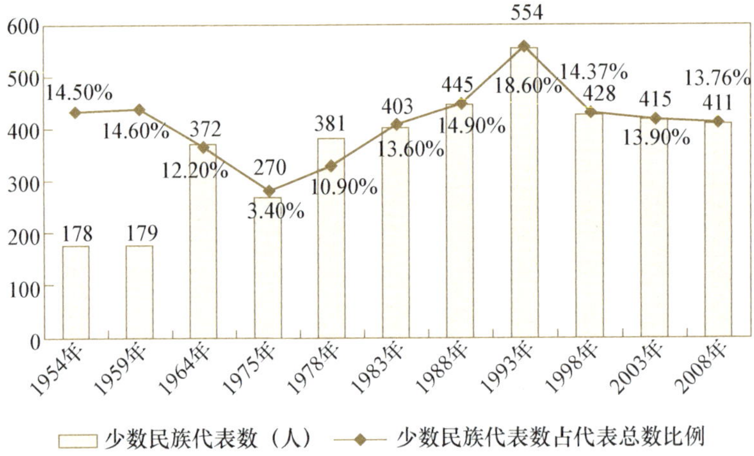

图 4－3　历届全国人民代表大会少数民族代表占代表总数的比例

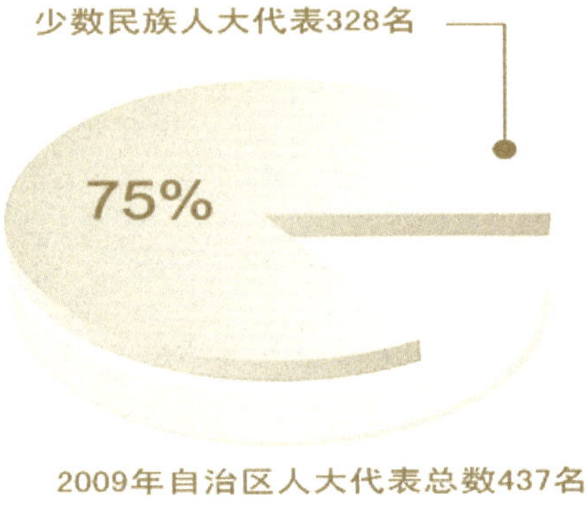

图 4－4　西藏自治区少数民族人大代表占总数的 75%（2009 年）

2. 享有制定自治条例和单行条例的权力

《民族区域自治法》第十九条规定："民族自治地方的人民代表大会有权依照当地民族的政治、经济和文化的特点，制定自治条例和单行条例。"《中华人民共和国立法法》第七十五条规定："自治条例和单行条例可以依照当地民族的特点，对法律和行政法规的规定作出变通规定。"《民族区域自治法》第二十条还规定："上级国家机关的决议、决定、命令和指示，如有不适合民族自治地方实际情况的，自治机关可以报经该上级国家机关批准，变通执行或者停止执行。”

3. 使用和发展本民族语言文字

民族自治地方的自治机关在执行公务的时候，依照本民族自治地方自治条例的规定，使用当地通用的一种或者几种语言文字；同时使用几种通用的语言文字执行公务的，可以以实行区域自治的民族语言文字为主。内蒙古、新疆、西藏等民族自治地方，都制定和实施了使用和发展本民族语言文字的有关规定或实施细则。新中国成立后，国家帮助10多个少数民族改进和创制了文字。中国有22个少数民族使用28种本民族文字。在中国，无论是在司法、行政、教育等领域，还是在国家政治生活和社会生活中，少数民族语言文字都得到广泛使用。现在，中国共产党全国代表大会、全国人民代表大会和中国人民政治协商会议等重要会议都提供蒙古、藏、维吾尔、哈萨克、朝鲜、彝、壮等民族语言文字的文件和同声传译。

4. 尊重和保障少数民族宗教信仰自由

中国少数民族群众大多有宗教信仰，有的民族多数群众信仰某种宗教，如藏族群众信仰藏传佛教，回、维吾尔等民族信仰伊斯兰教。民族自治地方的自治机关根据宪法和法律的规定，尊重和保护少数民族的宗教信仰自由，保障少数民族公民一切合法的正常宗教活动。

5. 保持或者改革本民族风俗习惯

民族自治地方的自治机关保障各少数民族都有按照传统风俗习惯生活，进行社会活动的权利和自由。尊重少数民族生活习惯，尊重和照顾少数民族的节庆习俗，保障少数民族特殊食品的经营，扶持和保证少数民族特需用品的生产和供应以及尊重少数民族的婚姻、丧葬习俗等。同时，提倡少数民族在衣食住行、婚丧嫁娶各方面奉行科学、文明、健康的新习俗。

6. 自主安排、管理、发展经济建设事业

民族自治地方的自治机关根据法律规定和本地方经济发展的特点，合理调整生产关系和经济结构；在国家计划的指导下，根据本地方的财力、物力和其他具体条件，自主地安排地方基本建设项目；自主地管理隶属于本地方的企业、事业。民族自治地方依照国家规定，可以开展对外经济贸易活动，经国务院批准，可以开辟对外贸易口岸；民族自治地方在对外经济贸易活动中，享受国家的优惠政策。根据国家的国民经济和社会发展总体规划，各民族自治地方结合实际，都制定了经济社会发展的规划、目标和措施。

民族自治地方的自治机关保护和改善生活环境和生态环境，防治污染和其他公害。根据法律规定，确定本地方内草场和森林的所有权和使用权。依法管理和保护本地方的自然资源；根据法律规定和国家的统一规划，对可以由本地方开发的自然资源，优先合理开发利用。

民族自治地方的自治机关有管理地方财政的自治权。凡是依照国家财政体制属于民族自治地方的财政收入，都由民族自治地方的自治机关自主地安排使用。民族自治地方的财政预算支出，按照国家规定，设机动资金，预备费在预算中所占比例高于一般地区。民族自治地方的自治机关在执行财政预算的过程中，自行安排使用收入的超收和支出的结余资金。同时，民族自治地方的自治机关在执行国家税法的时候，除应由国家统一审批的减免税收项目以外，对属于地方财政收入某些需要从税收上加以照顾和鼓励的，可以实行减税或者免税。

7. 自主发展教育、科技、文化等社会事业

民族自治地方的自治机关根据国家的教育方针，依照法律的规定，决定本地方的教育规划，各级各类学校的设置、学制、办学形式、教学内容、教学用语和招生办法。在少数民族牧区和经济困难、居住分散的少数民族山区，设立以寄宿为主和助学金为主的公办民族小学和民族中学，保障就读学生完成义务教育阶段的学业。招收少数

民族学生为主的学校（班级）和其他教育机构，有条件的应当采用少数民族文字的课本，并用少数民族语言讲课；根据不同情况从小学低年级或者高年级起开设汉语文课程，推广全国通用的普通话和规范汉字。

二、民族区域自治制度的作用

民族区域自治制度体现了国家充分尊重和保障各少数民族管理本民族内部事务权利的精神，体现了国家坚持实行民族平等、团结和共同繁荣的原则。实行民族区域自治，有效地解决了中国的民族问题，保障了国家的统一、民族的团结，促进了少数民族地区经济、文化和社会的发展，成为当代中国的基本政治制度，发挥了重大的作用。

民族区域自治制度有利于保障国家统一和民族团结。对于中国这样一个统一的多民族国家来说，如何保证国家的统一、民族的团结，是正确解决民族问题、实现各民族共同发展繁荣的至关重要的问题。在中国历史上，国家的统一时常遭到破坏，民族之间的矛盾冲突经常发生，甚至发展为民族之间大规模的互相残杀。究其原因，从根本上说就是历史上的剥削阶级不可能真正地解决民族问题，即在真正的民族平等的基础上实现国家的统一和民族的团结。因为，在阶级社会里，剥削阶级在处理民族关系上的一个基本出发点就是民族剥削和压迫。处于统治地位的民族和处于被统治地位的民族之间的社会政治地位是不平等的，由此产生民族之间的对立和冲突。由此可见，在统一的多民族国家里，正确解决民族问题，以保证国家的统一、民族的团结，关键是各民族之间的一律平等。因此，坚持民族平等的原则，是中国共产党处理民族关系的一个基本出发点。

然而，民族平等的原则不是抽象地实现的，它需要一定的政党、制度作为保证。在中国，实现民族平等的最基本的保证就是因为有了共产党和民族区域自治制度。在新民主主义革命时期，中国共产党坚持民族平等的原则，并在此基础上提出了民族区域自治的主张，以此团结各民族人民推翻“三座大山”的压迫，取得了革命胜利，建立了统一的多民族的社会主义国家，为国家的统一、民族的团结提供了社会制度上的保证。在社会主义建设时期，中国共产党同样坚持民族平等的原则，致力于民族团结和共同繁荣。在社会主义条件下，由于阶级对立的消灭，民族之间根本对立的阶级基础消失了，各民族在社会政治地位上一律平等。各少数民族人民同汉族人民一样，在社会主义国家内平等地当家作主，成为国家的主人。

民族区域自治制度有利于促进少数民族地区的经济和文化发展。从总体上讲，中国各少数民族的经济和文化都比较落后。大多数少数民族在 20 世纪前半叶之前漫长的民族压迫制度下，几乎没有发展的机会，甚至处于民族灭绝的境地，社会发展进程十分缓慢。少数民族地区在中华人民共和国成立之前，基本上都处于前资本主义发展阶段，有的甚至还保留着原始社会的生产方式和生活方式，例如鄂伦春族就一直过着围猎捕鱼、身着兽皮的原始生活。在少数民族地区，工业经济几乎是空白，交通闭塞，商品经济极不发达。许多少数民族地区没有学校和医院，更谈不上有现代文化设施，民族传统文化也不断遭到破坏。不少少数民族尚处于刻木结绳记事的蒙昧状态。只是在推翻民族压迫制度、建立社会主义制度后，在民族平等的基础上，少数民族才得以新生，从而解放了少数民族的社会生产力，为少数民族的经济和文化发展扫清了道路。

但是，社会主义制度的建立，还只是为少数民族经济和文化的发展提供了可能，要确保少数民族经济和文化得以迅速发展，还要根据各少数民族的实际情况和特点，制定一系列具体的政策和措施，并将这些政策和措施制度化与法律化。在这方面，民族区域自治制度正起着决定性作用。实行民族区域自治，是促进少数民族经济、文化稳定迅速发展，最后达到各民族共同繁荣的重要保证。首先，民族区域自治制度是经济因素和政治因素的正确结合。在实行民族区域自治，具体划分民族自治地方的辖区时，充分考虑到当地民族实际情况以及历史、自然、地理等诸种因素，把行政区域和经济文化发展区域有机地结合起来，以更好地因民族制宜、因地制宜发展自治地方的经济文化事业，以利于各民族之间的紧密合作和互助。其次，民族区域自治制度为少数民族经济、文化发展提供了最有利的条件。一方面，国家机关在制定方针、政策和规划时，充分考虑民族自治地方的实际情况，尽可能多地照顾民族自治地方的特殊利益，从各方面为民族自治地方提供援助和支持；另一方面，民族自治地方根据地方实际情况，在不违背宪法和法律的前提下，享有采取特殊政策和灵活措施的权限，充分发挥本地方的经济优势和民族优良文化传统，以加速地方经济和文化事业的发展。

民族区域自治制度有利于将加快民族自治地方的发展摆到突出位置。这个作用尤为明显，为加快西部地区和民族自治地方的发展，中国政府于2000年开始实施西部大开发战略，全国5个自治区、30个自治州以及120个自治县（旗）中的83个自治县（旗）被纳入西部大开发的范围，还有3个自治州参照享受国家西部大开发优惠政策。国家优先合理安排民族自治地方基础设施建设项目，在民族自治地方安排基础设施建设和开发资源时，适当提高投资比重和政策性银行贷款比重。需要民族自治地方配套资金的，根据不同情况给予减少或者免除配套资金的照顾。中国政府自第一个五年计划（1953—1957年）开始，就在民族自治地方安排了一批重点建设项目。例如，内蒙古包头钢铁基地、宁夏青铜峡水电站、新疆石油勘探等，以及四川至西藏、青海至西藏、新疆至西藏等公路干线和包头至兰州、兰州至西宁、兰州至乌鲁木齐的主要铁路干线。20世纪90年代，修建了宁夏中卫至陕西宝鸡铁路、新疆南疆铁路、塔城机场等一批大型交通设施。2000年以来，国家通过投资建设“西气东输”“西电东送”“青藏铁路”等一批重大工程，帮助民族自治地方进一步把资源优势转化为经济优势。从1999年开始，中国政府相继大规模地实施了惠及所有民族自治地方的“贫困县出口公路建设”“西部通县油路工程”“县际和农村公路建设”等交通基础设施建设，共投资近1 000亿元人民币，新建和改造了22.5万公里农村和县级道路，使一些少数民族地区的落后交通条件得到了显著改善。

随着国民经济的发展和财政收入的增长，各级政府逐步加大对民族自治地方财政转移支付力度。国家通过一般性财政转移支付、专项财政转移支付、民族优惠政策财政转移支付以及国家确定的其他方式，增加对民族自治地方的资金投入，促进民族自治地方经济发展和社会进步，逐步缩小与发达地区的差距。从1955年起，中国政府就设立“民族地区补助费”，1964年设立“民族地区机动金”等专项资金，并采取提高少数民族地区财政预备费的设置比例等优惠政策，帮助民族自治地方发展经济和提高人民生活水平。1980—1988年，中央财政对内蒙古、新疆、广西、宁夏、西藏五个自治区以及云南、贵州、青海三个少数民族比较集中的省实行财政递增10%的定额补助制度。1994年，国家实施以分税制为主的财政管理体制改革，原有对少数民族地区的补助和专项拨款政策全都保留下来。国家在1995年开始实行的过渡期转移支付办法中，对内蒙古、新疆、广西、宁夏、西藏五个自治区和云南、贵州、青海三个少数民族比较集中的省以及其他省的少数民族自治州，专门增设了针对少数民族地区的政策性转移支付内容，实行政策性倾斜。

第三节 民族区域自治制度的特点和原则

《民族区域自治法》根据中国实际情况规定，各少数民族聚居的地方实行区域自治。这就意味着，民族区域自治是民族自治和区域自治相结合的制度，这是中国民族区域自治制度的基本特点和重要原则。

一、民族区域自治制度的特点

首先，实行民族区域自治必须以少数民族自治为基本前提。中国的民族区域自治不同于一般的“地方自治”。一般的“地方自治”是实行地方分权的国家所采取的一种政治制度，而中国的民族区域自治则是为了解决国内民族问题，促进民族平等、团结和共同繁荣的政治制度。因此，它的基本立足点是少数民族自治而不是脱离特殊民族关系的“地方自治”。实行民族区域的民族自治，是指当地居主体地位的少数民族的自治，而不是居全国人口多数的汉族。有的民族自治地方尽管汉族人口占多数，但在这些地方实行自治的仍是当地居主体地位的少数民族。汉族不存在实行自治的问题，自治是针对少数民族而言的。另外，实行自治地方的少数民族也可以不止一个。中国少数民族人口虽只有几千万，但分布在广大地区，不仅绝大多数与汉族聚居，而且少数民族之间也多半是互相聚居或杂居。所以，《民族区域自治法》规定，少数民族聚居的地方，根据当地民族关系、经济发展等条件，并参酌历史情况，可以建立一个或者几个少数民族聚居区为基础的自治地方。在中国，既有以一个少数民族为基础的自治地方，如西藏自治区、内蒙古自治区；也有以两个少数民族为基础的自治地方，如海南省黎族苗族自治州；还有以三个以上少数民族为基础的自治地方，如青海省海西蒙古族藏族哈萨克族自治州等。中国根据实际情况，建立多种层次、多种形式的民族自治地方，目的在于保证不论是聚居还是杂居的少数民族都能享受到管理本民族内部事务的自治权。

其次，民族区域自治不仅以少数民族自治为前提，而且以“各少数民族聚居的地方”为基础，民族自治必须和区域自治结合起来。中国各少数民族是以其聚居区为基础来建立民族自治地方、实行区域自治的。它不同于脱离一定地域的“民族自治”。离开了在长期历史发展过程中发展起来的民族自然地理文化环境，就无法实行真正的自治，无法行使自治权，也不利于各族人民的团结。中国各民族自治地方都是中华人民共和国不可分割的部分：一方面强调了国家的统一性；另一方面也肯定了各少数民族有在自己祖宗栖息的地方居住、生活并行使区域自治的权利。所以，在中国实行区域自治的民族，以其聚居地区为基础，建立不同级别的自治地方，组织自治机关，行使自治权利，保证各少数民族能够真正享受到管理本民族内部事务的权利。中国的民族区域自治，是按各少数民族自治地方的人口多少和区域大小划分各自治地方的行政单位，民族自治地方有相当于省、直辖市一级的自治区；有相当于省辖市、地市一级的自治州（盟）；有相当于县、县级市一级的自治县（旗）；有相当于乡、镇一级的民族乡（苏木）。

二、民族区域自治制度的原则

民族区域自治制度正确地处理了国家与民族自治地方的关系：一方面，各民族自治地方是中华人民共和国不可分割的一部分，要维护国家的统一完整，保证中央人民政府的统一领导和国家的方针、政策和规划在各民族自治地方的贯彻执行；另一方面，要真正维护和保证国家的统一领导，又必须充分照顾各民族自治地方的特点和需要，使民族自治地方享有管理本民族内部事务的自治权利，这是民族区域自治制度的基本原则。这样的基本原则表现为两个方面。

1. 维护国家统一

在一个统一的多民族国家里，实行民族自治和区域自治，是少数民族人民在国家政治生活中当家作主的一种基本形式。但是，民族自治地方的自治权利必须在中华人民共和国领土内、在保证国家统一领导的前提下行使。根据《宪法》和《民族区域自治法》的规定，各民族自治地方都是中华人民共和国不可分割的组成部分，在中央人民政府的统一领导下实行民族区域自治。这说明，实行民族区域自治是中央统一领导下的自治，民族自治地方的自治权利是在中央统一领导下，依照宪法和法律，遵循党和国家的方针、政策，自主地管理本民族事务的权利，而不是脱离中央统一领导的所谓“民族主权”。只有这样，才能维护国家的统一和领土的完整，也符合全国各民族人民的共同利益和愿望。

2. 保障自治权利

在国家的统一领导下，使民族自治地方享有自治权利还具体地表现在民族自治地方的政权机关——自治机关的共同性和特殊性的正确结合上。民族自治地方设立自治机关，是民族区域自治制度得到实施的重要保证。要使民族自治地方享有充分的自治权利，自治地方就必须有自己的政权机关来具体行使自治权。否则，少数民族管理本民族内部事务的自治权就会成为空谈。所以，根据《民族区域自治法》的规定，在民族自治地方设立民族自治地方的自治机关，即自治区、自治州（盟）、自治县（旗）的人民代表大会和人民政府。同时，自治机关的主要领导成员，如自治区主席、自治州（盟）长、自治县（旗）长，应当由实行区域自治的民族的公民担任，各级人民代表大会常务委员会的主任或副主任，都应该由实行区域自治的民族的公民担任。

民族自治地方的自治机关是按照民主集中制建立的一级地方政权，这是民族自治地方的自治机关与一般地方政权机关的共同性。但是，民族自治地方的自治机关既行使同级一般地方国家权力机关和行政机关的职权，同时又行使宪法和法律规定的自治权，这又是它的特殊性。民族自治机关的这种共同性和特殊性的正确结合，既有利于保证国家的统一领导，又有利于真正保障少数民族地方的自治权利。

第四节 坚持和完善民族区域自治制度

在中国共产党和中央政府的坚强领导下，通过实行民族区域自治制度 60 多年来，各民族自治地区从落后走向进步，从贫穷走向富裕，从封闭走向开放，社会制度实现了历史性跨越，社会面貌发生了翻天覆地的变化。实践充分证明，实行民族区域自治制度，是中国历史发展和社会进步的客观要求，符合各族人民的根本利益，实现了各族人民当家作主，享有充分的民主权利和广泛的经济、社会、文化权利。实行民族区域自治制度，完全适合中国国情和各民族地区的实际，是各民族发展进步的正确选择。为此，要继续坚持和完善民族区域自治制度。

一、正确处理民族、国家、自治关系

民族区域自治制度本身就是用以调整民族关系和国家与自治地方的关系，正确解决民族问题的制度。但是，制度能否得到健康发展，能否有效地贯彻和实行，充分发挥其作用，还受人们思想的支配，通过人们的行动来实现。因此，为了有效地贯彻和实行民族区域自治，使民族区域自治制度在新的历史时期健康发展，就必须根据民族关系发展的新特点，继续注意克服和反对大汉族主义和地方民族主义，正确处理汉族和少数民族以及少数民族之间的关系，坚持把国家利益和民族自治地方的利益结合起来，正确处理国家和自治地方的关系。

在社会主义社会里，中国的民族关系基本上是各民族劳动人民之间的关系。建设社会主义，实现民族共同发展和繁荣，是各民族人民共同的根本利益所在，由此消除了民族对立和冲突的社会阶级基础。社会主义民族关系的基本特征是民族平等、团结和互助。但是，由于长期以来汉族反动统治阶级对少数民族实行民族压迫制度以及在少数民族之间进行挑拨和分裂，既造成了汉族与少数民族之间的隔阂，又造成了少数民族之间的隔阂。这种历史遗留下来的民族之间隔阂的心理不可能一下得以完全消除。此外，由于长期的历史发展，形成了汉族是国家的主体民族，经济和文化一般比少数民族先进些，而在少数民族地区之间的经济和文化发展也十分不平衡。各个民族在经济文化、生活方式、宗教信仰等各方面都还存在着民族差别。因此，在社会主义时期，虽然消除了民族之间根本对立和冲突的基础，但是还存在民族隔阂和民族差别。这种历史遗留下来的民族隔阂和民族差别的存在，就有可能使历史遗留下来的大汉族主义和地方民族主义在新的条件下得以抬头和发展。大汉族主义和地方民族主义发展到一定程度，就有可能出现民族对立和冲突，使民族区域自治制度遭到破坏。“文化大革命”期间，由于“左”的思想和大汉族主义思想的影响，不能正确看待民族差别，而采取一刀切，强制推行脱离少数民族地区实际情况的方针、政策和措施，民族自治地方自主地管理本民族内部事务的自治权受到很大损害，局部地区甚至名存实亡，加深了民族隔阂，出现了民族对立和冲突的现象。

解决民族对立和冲突的问题，就要在改革开放新时期保证民族区域自治制度健康发展的同时，正确对待历史遗留下来的民族隔阂和民族差别，在思想上继续克服大汉族主义和地方民族主义。汉族是历史发展形成的一个大民族，在政治、经济、文化发展各方面都走在少数民族前面，在国家政治生活和经济建设中起着十分重要的作用。在全面进行社会主义建设的新时期里，由于汉族地方经济基础雄厚，汉族比少数民族地方的经济、文化发展速度和变化可能更快、更大一些。同时，还有一大批汉族干部和各种专业人才在少数民族地区帮助其发展经济和文化。在这种条件下，就要特别注意尊重少数民族，克服大汉族主义。如果自恃汉族经济和文化发达，看不起甚至歧视少数民族，在处理民族关系上不考虑少数民族的特点，不照顾少数民族的特殊利益；在同少数民族干部的交往中，独断专行、包办代替，或者命令行事、强加于人，不尊重他们的职权，民族自治地方自主地管理本民族内部事务的自治权利就得不到可靠的保障，甚至使少数民族人民对民族区域自治制度产生怀疑和不信任感。同时，由于有些民族自治地方聚居着几个大小不一的少数民族，这就不仅要克服和反对大汉族主义，而且也要克服和反对大民族主义，以保证无论人口多少、地域大小，各少数民族都能享受到自主地管理本民族内部事务的自治权利。此外，还要注意克服和反对地方民族主义。不能借口和夸大民族差别和民族特殊性，片面强调少数民族的局部利益，忽视国家整体利益，不愿接受其他民族有益的经验和帮助，对汉族采取不信任态度，甚至搞民族分离。这同样不利于民族区域自治制度的发展，使各民族人民的共同利益受到损害。

在新时期正确处理国家与民族自治地方的关系，关键是坚持把国家利益和民族自治地方的利益正确结合起来。这也是民族自治制度健康发展的重要条件。国家利益是关系全国各民族人民共同的、根本的和长远的利益，如维护国家领土完整和独立自主，执行国家的统一规划和战略任务等。民族自治地方的利益是关系到本地区各族人民生存和发展的切身权益，如当地人民对本地区自然资源的保护、开发、利用的权益，当地建设事业发展的条件和需要等。一般来说，国家利益和民族自治地方利益是一致的。但在一定条件下，二者之间的利益有时也会出现矛盾。特别是在大规模进行现代化建设的新的历史时期，经济方面的矛盾比较突出。例如，我国少数民族地区虽然人口少，但幅员辽阔，自然资源蕴藏丰富，国家在开发、利用这些自然资源时，就要充分考虑到兼顾各方面利益，否则就会产生矛盾，不利于民族区域自治制度的健康发展。民族自治地方与国家的关系是领导与被领导的关系，民族自治地方在行使自治权利时，要以国家利益为前提，服从国家的统一领导，执行国家法律和统一规划。国家在保证国家利益，实现统一领导的同时，要充分考虑到民族自治地方的实际情况，照顾民族自治地方的特殊利益，在制定和执行统一的国家计划、政策和措施时不能搞一刀切，应允许民族自治地方根据实际情况制定特殊政策和灵活措施。

二、积极发展少数民族地区经济文化事业

任何一种政治制度都不是凭空而立的，必须以一定的条件，主要是政治、经济和文化为基础。民族区域自治制度也是这样，其本身就是政治因素、经济因素和文化因素的结合。因此，民族区域自治制度作为政治制度，它的巩固和完善过程，就是民族自治地方经济和文化的发展过程。民族区域自治制度是少数民族经济和文化发展的政治保证，而它本身的巩固和完善又依赖于民族自治地方经济和文化的发展。很明显，如果没有一定发展程度的经济和文化，民族自治地方的少数民族当家作主，在广泛地、充分地行使管理本民族内部事务权利

时，就会受到一定限制。一些连基本的工业基础都没有的自治地方，也不可能行使法律制度赋予的自主地管理和发展本民族工业交通事业的自治权利。文化教育十分落后的民族自治地方，更难以迅速培养大批民族干部人才，实现自治机关民族化。中国政府自 20 世纪 80 年代中期大规模地开展有组织、有计划的扶贫工作以来，少数民族和民族地区始终是国家重点扶持对象。1986 年首次确定的 331 个国家重点扶持贫困县中，民族自治地方有 141 个，占总数的 42.6%。1994 年国家开始实施《八七扶贫攻坚计划》，在确定的 592 个国家重点扶持贫困县中，民族自治地方有 257 个，占总数的 43.4%。从 2001 年开始实施的《中国农村扶贫开发纲要》，再次把民族地区确定为重点扶持对象，在新确定的 592 个国家扶贫开发重点县中，民族自治地方（不含西藏）增加为 267 个，占总数的 45.1%。同时，西藏整体被列入国家扶贫开发重点扶持范围。因此，民族区域自治制度虽然从法律形式上肯定和赋予少数民族当家作主、自主地管理本民族内部事务的自治权利，但由于经济和文化的限制，在实际上却往往不能充分享受到法律赋予自己的权利。因此，迅速发展民族自治地方的经济和文化，在尽可能短的时间内提高民族自治地方物质文明和精神文明水平，使民族区域自治制度所肯定和赋予少数民族自主地管理本民族内部事务的自治权利在实际生活中得以充分实现，是在新的历史时期里不断巩固和完善民族区域自治制度的中心任务。

在新的历史时期迅速发展民族自治地方的经济和文化事业，要特别注意两个方面的问题。一是国家的大力帮助。由于民族自治地方的经济、文化基础较薄弱，要迅速把民族自治地方的经济、文化搞上去，没有国家的大力帮助是不可想象的。国家今后仍然要从财政、物资、技术等方面扶助民族自治地方，为民族自治地方的经济、文化发展提供优惠条件。二是注意充分调动和发挥少数民族人民自力更生的主动性、积极性。民族自治地方要坚定不移地把迅速发展本地经济、文化作为首要任务，善于运用自治权利，紧密结合当地实际情况采取特殊政策和灵活措施，通过各种途径加速民族自治地方的经济和文化发展。只有这样，才能为民族区域自治制度的巩固和完善提供强大的基础。西藏自治区的发展就是这样，西藏地区生产总值由1965年的3.27亿元增加到2014年的920.8亿元，增长281倍。1994年以来，西藏地区生产总值连续20年保持两位数增长，年均增速高达12.4%。1965年西藏地方财政收入仅为2 239万元，2014年达到164.75亿元，年均增长高达14.46%，自我发展的能力不断增强。全区工业增加值由1965年的0.09亿元增加到2014年的66.16亿元，增长735倍，年均增长14.4%。第二产业增加值在地区生产总值中的占比由1965年的6.7%提高到2014年的36.6%。2014年，全区社会消费品零售总额达364.51亿元，比1965年的0.89亿元增长了409倍，以年均13.1%的速度递增；进出口总额达22.55亿美元，比1965年的0.07亿美元增长了321倍，年均增长12.5%。

三、努力培养少数民族干部

自治机关的组成应当以实行民族区域自治地方的民族干部为主要成分，同时也应当包括自治地方适当数量的其他兄弟民族和汉族人员。自治机关的干部和各种专门人才来自本民族人民群众，与本民族有着密切的联系，熟悉本民族的历史和本地区的特点，懂得本民族的语言和风俗习惯，了解本民族的思想感情和愿望要求，从而能够较好地根据本民族的实际情况，贯彻国家统一的规划、方针和政策，使自治机关成为真正能代表和反映本地方人民正当权益，才能成为当地人民群众容易了解和接受的政权机关。

新中国成立以来，国家致力于帮助民族自治地方培养少数民族干部人才，各少数民族干部人才大批地成长起来。事实证明，他们能够比较好地代表民族自治地方人民行使管理本民族内部事务，实现当家作主的权利，领导本地的社会主义建设事业，受到了党和国家的信任以及本民族人民群众的拥护和爱戴，也增强和鼓舞了各少数民族的自尊心和自豪感，这对于巩固民族区域自治制度，调动广大少数民族人民建设社会主义事业的积极性，起到了重要的作用。

但是，也应该看到，大批培养少数民族干部人才，在社会主义现代化建设的新时期仍然是一个十分紧迫的任务。首先，由于长期历史发展的原因，少数民族的知识文化水平普遍较低，大批民族干部人才的培养成长有一个过程。其次，新中国成立以来在培养少数民族干部人才的过程中受到“左”的干扰，特别是“文化大革命”中，许多培养少数民族干部人才的摇篮——民族学院被取消，在实际工作中不重视发挥民族干部人才的作用，甚至许多民族自治地方的主要领导干部都不是由少数民族干部担任。最后，在过去相当长时间内，国家对民族自治地方支援了大批干部人才，这在一定条件下是必要的。但是，在社会主义现代化建设的新时期，一则全国各地都十分需要优秀干部人才，二则民族自治地方的各级领导长期都由汉族干部担任也不利于少数民族充分行使自治权利。所以，在新时期，民族自治地方特别需要大批政策水平、业务知识水平都比较高的领导干部和各种专门人才来管理本民族内部事务。现有的少数民族干部人才无论是数量还是质量都还不能适应实行民族区域自治，进一步发挥民族区域自治制度优越性的要求。国家要通过各种方式，帮助民族自治地方从当地民族中大量培养各级干部和各种专门人才。注意重视和充分发挥少数民族干部人才的作用，充分信任他们。在民族自治地方的各级领导和自治机关的各职能业务部门应尽量配备少数民族人员，即对基本符合条件的少数民族干部要优先配备，使少数民族干部与人口具有相当的比例。

第五章

民主政治发展

5 民主政治发展

自原始社会解体产生国家以来，国家的治理和发展主要表现为民主和专制的对立。民主，来自希腊文“demokratia”，是由“demos”和“kratia”两词合成的。“demos”是指人民，“kratia”则是指权力或统治、治理。在古希腊众多的城邦国家中，雅典是民主、进步、文学繁荣的城邦国家；而斯巴达却是保守、独裁、军事统治的城邦国家。雅典国家所主张的民主，就是指人民的政权和按照人民意愿进行的统治和治理。民主，既是政治思想理念，也是国家的政治制度和治国的方式、手段。建立和发展社会主义民主政治，是马克思主义的理论主张，是中国特色社会主义的本质要求，也是社会主义国家政治制度优越性的体现。当代中国必须致力于民主发展，真正实现人民当家作主的权利。

第一节　中国民主政治的形成和发展

在中国长达两千多年的封建社会里，从秦始皇统一中国开始，农业生产力和生产关系的小农经济，产生的是“普天之下，莫非王土，率土之滨，莫非王臣”的封建思想。占统治地位的封建思想，催生的只能是臣民意识的政治文化和家长制、帝王独裁的政治专制制度，毫无民主意识和民主制度可言。

一、近代中国民主政治的形成

1840 年鸦片战争爆发后，西方列强以坚船利炮入侵中国，使中国沦为半殖民地半封建社会。进步的中国人开始思考中国贫穷落后的原因并寻求强国富民的出路。此时，西方国家的民主开始传入中国。19 世纪五六十年代，徐继畬撰著的《瀛寰志略》，介绍了西方民主政治思想，记录了当时世界以民主政体为主导的各国各类政体，宣扬西方民主制度和理念，对通过选民的选票取得合法性的各国民主制度推崇备至，这对于开阔中国人的视野，冲破封建思想樊笼，起了一定的作用。洪仁玕在《资政新篇》中，主张以法治国、听取社会舆论、实行民主监督、公众选举政府官员。王韬、冯桂芬等早期维新派则主张设议院，实行君主立宪。1895 年甲午战争中国失败后，民族危机进一步加深。同时，民族资本主义有了初步发展，民族资产阶级登上政治舞台。受西风东渐的启蒙思想影响，康有为、梁启超等维新派人士开办了万木草堂和时务学堂的新式学堂，创办《国闻报》《时务报》等报刊，著书立说，宣传维新变法。维新运动带来了前所未有的新气象，国家振兴实业的新政策，言论、集会、出版、结社等风行，提倡文明生活方式，引领时代新风，戊戌变法运动成为开创中国政治民主化的先河。

20 世纪初期，中国资产阶级革命的先行者孙中山先生提出了“三民主义”的主张，包括民族主义、民权主义和民生主义三个重要方面。民族主义的核心是追求和实现民族独立和民族平等；民权主义是资产阶级民主革命的政治纲领，实行主权在民，推翻封建君主专制制度，建立资产阶级民主共和国；民生主义是资产阶级民主革命的经济纲领，要实现平均地权和节制资本。显而易见，在“三民主义”的民权主义中，包含着公民有信仰、言论、集会和结社等自由，公民获得了包括人身自由在内的各项自由权利，并且实行民主选举，公民有选举和被选举的权利，建立国家的民主制度。

1911 年，孙中山领导的辛亥革命推翻清王朝，结束了封建帝制，创建了中华民国，这是当时亚洲的第一个共和国。中国把封建君主政体扫进了垃圾堆，开启了走向民主政治的行程。辛亥革命之初，中国的民主政治得到快速的发展，孙中山领导的民主政治力量，积极从事民主政治建设，主张通过全国民主选举，产生国会，制定宪法，并由国会中的多数党组织内阁，实行“责任内阁制”，以保障宪法的贯彻执行。但是，由于中国民主政治力量的弱小，辛亥革命的成果落入清朝的重臣、北洋集团首领袁世凯的囊中，他当上了中华民国临时大总统，辛亥革命看似良好的民主发展却出现了波折逆转。

1912 年 8 月，为了议会斗争的需要，经孙中山、黄兴同意，宋教仁以同盟会为基础，联合统一共和党等几个小党派，组成中国国民党，推孙中山为理事长，自己则为代理理事长，全力投入了从1912年12月到1913年2月开展的第一届国会选举。选举结果是，国民党在参、众两院获得了压倒多数的席位。此时，国内政治万象更新，民主空气日见浓厚，民主潮流空前高涨，民主宪政正在实验中，言论、结社完全自由。众多政党合法并存、和平竞争，临时参议院的存在，国会的选举和成立，议员中的大多数为限制袁世凯专制独裁进行着斗争，这些情况都表明，在政治力量的推动下，以议会为中心的民主政治正在萌发中，以西方国家为摹本，三权分立的国家体制正在悄然形成。然而，1913年3月正当宋教仁准备北上组阁，却在上海车站横遭暴徒枪击，伤重逝世。宋教仁的遇刺，使全国舆论哗然，谴责袁世凯策划了暗杀事件。孙中山认为“非去袁不可”，主张立即兴师讨袁。袁世凯也筹措部署，准备进行武力镇压，6月间，他借口江西都督李烈钧、广东都督胡汉民、安徽都督柏文蔚不服从中央，下令免职，并派兵南下，发动了内战，国民党人也只好被迫应战。此时，辛亥革命开创的民主政治局面便戛然而止、不复存在了，全国陷入了军阀混战。

1919年，中国爆发了“五四运动”，这是中国近代历史上第一次伟大的思想解放运动和爱国民主运动。“五四运动”发生前，军阀势力利用封建思想禁锢人们的头脑，推崇作为封建专制制度精神支柱的孔孟之道，借以维持统治。严酷的现实引发当时先进分子的反思。他们认为，辛亥革命由于忽视了思想文化战线上反对封建主义的斗争，致使革命成果遭到破坏。因此，为了完成改造社会的使命，必须“冲决过去历史之网罗，破坏陈腐学说之囹圄”。于是，作为“五四运动”的先导，标志着中国人民新觉醒的新文化运动便应运而生。1915年9月，陈独秀在上海创办《青年杂志》（1916年起改名《新青年》），标志着新文化运动的兴起。新文化运动的基本口号是民主和科学。新文化运动提倡新道德，反对旧道德；提倡新文学，反对旧文学，是中国近代史上未曾有过的思想解放运动，它为适合中国社会需要的新思潮的传播开辟了道路，为“五四运动”的发生做了思想准备。“五四运动”期间，爱国学生和工人群众，高举反帝反封建的“民主、科学”大旗，宣扬了先进的马克思主义思想文化，标志着中国民主革命进入一个崭新的阶段。“五四运动”以后，先进的知识分子纷纷创办刊物，编辑书籍，组织进步团体传播马克思列宁主义，宣传救国救民的新思想，促进了民主思想的传播，为 1921 年中国共产党的诞生准备了思想条件和干部条件。

但是，尽管经历了“五四运动”的民主洗礼，由于历史因袭负担的沉重，由于中国社会环境仍处于封闭的小生产的自然经济条件之下，在长期封建社会中形成的以“皇权至上”“家族本位”“等级特权”“忽视个体权利”等为特征的封建思想意识并没有得到很好的克服。中国依然没有摆脱封建统治的羁绊，1927 年即使当国民党基本上掌握了国家政权时，这个当初高喊“民主”“宪政”的政党，同样不遗余力地推行实施起专制统治来。

中国民主政治在 20 世纪 30 年代，迎来了新的生机。中国共产党自登上历史舞台后，就成为推动民主政治发展的坚强力量。在中国共产党领导的新民主主义革命创建的革命根据地，广泛开展了民主实践。抗日战争时期，中国共产党在抗日民主根据地的陕甘宁边区和晋察冀边区，实施过参议员和县、乡长的民主选举，开展了竞选活动，效果很好。虽然民众识字不多，但他们采取投豆法、烙票法、编号选举法等方法，把自己希望当选的人选出来了。毛泽东说：“在华北，已经实行了民主政治。在那里，区长、乡长、保甲长，多是民选的。县长，有些也是民选的了，许多先进的人物和有为的青年，被选出来当县长了。”①

二、当代中国民主政治的发展

1949 年中华人民共和国成立后，中国民主政治的进程走向了一个全新的时代——人民民主时代。《中国人民政治协商会议共同纲领》对中华人民共和国的性质作了如下规定：“中华人民共和国为新民主

① 毛泽东．毛泽东选集：第 2 卷．北京：人民出版社，1991：589.

主义即人民民主主义的国家，实行工人阶级领导的、以工农联盟为基础的、团结各民主阶级和国内各民族的人民民主专政。”“中国人民民主专政是中国工人阶级、农民阶级、小资产阶级、民族资产阶级及其他爱国民主分子的人民民主统一战线的政权。”① 可以看出，这是一种具有广泛阶级基础的政治民主模式，它不仅实现了广大劳动者的民主政治，是社会主义民主区别于一切剥削制度的政治民主的一个根本特点，而且它还采取了统一战线的方式联合部分非劳动阶级，对共同的敌人实行专政。

1956年，在对生产资料私有制的社会主义改造基本完成之后，中国的主要矛盾已经不再是工人阶级同资产阶级的矛盾，国内的主要任务是进行政治、经济、文化等各方面的建设。这就要求在政治上要改变过去进行“大规模的急风暴雨式”的阶级斗争所伴随的某种权力集中配置状况，以适应多样化的社会主义建设事业的需要。中共中央曾反复指出，在进入社会主义建设时期后，在国家的政治生活方面应该主要做好以下方面的工作：进一步扩大民主生活，重视和发挥人民代表大会、民主党派、人民团体的作用；强调党的领导是指党在思想上、政治上、方针政策上起领导作用，而不是直接指挥政府机关工作，更不是包办一切；扩大地方权力，发挥各个方面的积极性。但此后不久，国家的政治生活却严重偏离了上述思路，阶级斗争绝对化、扩大化愈演愈烈，最终导致社会主义政治民主建设脱离正常轨道，直至造成“文化大革命”中的“大民主”。

毋庸置疑，新中国成立之后中国的民主政治在实践中曾遭遇到严重的挫折。一是国家权力偏移直至集中到党的系统，党的组织行政化，个人决策代替了集体领导。在党领导一切的原则口号下，国家大政方针的制定和具体部署以及组织实施的权力均由党的机关直接掌握，中央和地方各级党委通过政府各职能主管部门的党组向这些部门发布指示，政府各职能主管部门又必须通过本部门的党组向中央或地

① 中华人民共和国宪法及有关资料汇编. 北京：中国民主法制出版社，1990：84-85.

方各级党委报告和请示工作。这种党政不分、以党代政的做法，实际上是把政府各级权力机关、行政机关的权力都集中到了党的机关。二是共产党与民主党派互相监督的原则实际上遭到破坏，人民群众团体实际上变成了党的群众工作部门。这个时期民主党派在国家政治生活中的地位不断下降，共产党与民主党派的相互监督实际上变成了共产党对民主党派的单向监督。工会、共青团不仅在思想上、政治上而且在业务上都必须绝对服从党委的统一领导。三是强化对社会舆论的直接管理，社会信息反馈趋于单一、狭窄。这个时期，有关各类报纸杂志的创办、停刊、改刊等的审批权集中在党的工作部门，中央和地方的报刊、广播等建立起了集中审查制度，新闻媒体成为单纯的上情下达的媒介。

1978 年实行改革开放以来，中国的民主政治建设进入了一个崭新的阶段，在进行经济体制改革的同时，有序地推动了社会主义民主政治建设，并取得了重要成就，这主要表现为：恢复和重新确立了实事求是的思想路线，恢复和进一步发扬党内民主和人民民主；废除了实际存在的领导干部职务终身制，实现了干部队伍的年轻化、知识化、革命化和专业化；加强和改善了党的领导，加强党的自身建设，改进了党的领导方式和执政方式，以党代政、党政不分的现象得到了克服，健全了党内生活，保障了党员权利的正常行使；加强和完善了人民代表大会制度，各级人大在国家政治生活中发挥着重要作用；加强和完善了共产党领导的多党合作与政治协商制度，政治协商、民主监督、参政议政取得重大进展；坚持依法治国，适应社会主义市场经济体制的法律体系基本形成，进一步制定和完善了保障公民权利的法律，在政治、经济和社会生活的主要方面做到了有法可依；建立和完善了人民群众监督、人民代表大会监督、法律监督、行政监督、舆论监督，初步形成了多层次、多形式的监督体系；多次进行了行政体制改革，精简机构，提高了办事效率，转变了政府职能，实行政企、政资、政事、政社分开；大力推进干部人事制度改革，开展民主推荐、公开考试、择优录用，引入竞争机制，在干部选拔、培养、考核等方面形成了许多新制度、新办法、新措施；实现“一国两制”构想，香港、澳门顺利回归，这是社会主义条件下政治制度的一项创新；不断加强基层政权建设和基层民主建设，在农村实行村委会直接选举，健全城镇居民委员会组织，坚持和实行职工代表大会制度，扩大人民群众民主选举、民主决策、民主监督、民主管理的权利①。

第二节　中国特色社会主义民主的性质

中国特色社会主义之所以要发展民主，是因为民主以人民为主体，只有人民成为国家的主人，拥有国家的权力，才能实现人民当家作主，实现中国特色社会主义的伟大事业。

一、坚持马克思主义的民主理论

中国特色社会主义的民主是以马克思主义的民主理论为圭臬的。马克思、恩格斯以唯物史观为指导，在对封建专制主义的批判和对资本主义的剖析中，创立了以人民主权为主体、以人民为中心的民主理论。

马克思、恩格斯批判了资产阶级民主。诚然，作为资本主义国家制度的资产阶级民主，在否定封建专制主义、倡导“自由”“平等”方面，具有历史的进步性。但是，资产阶级民主的致命要害是只着眼于某些个体民主、忽视大多数人的民主，缺失的是人民主权的主体民主。马克思、恩格斯认为，社会主义民主是比资本主义民主进步的一个历史阶段，是资本主义民主发展的必然结果，是新型的国家制度、更高类型的民主。早在 1848 年，马克思、恩格斯在《共产党宣言》中就提出：“工人革命的第一步就是使无产阶级上升为统治阶级，争得民

① 李铁映. 论民主. 北京：中国社会科学出版社，2001：291-292.

主。”[①] 1891 年，恩格斯在为《法兰西内战》所写的导言中，说明了马克思关于无产阶级民主取代资产阶级民主的思想，要把“社会主人”变为“社会公仆”，他说：“工人阶级一旦取得统治权，就不能继续运用旧的国家机器来进行管理；工人阶级为了不致失去刚刚争得的统治，一方面应当铲除全部旧的、一直被利用来反对工人阶级的压迫机器，另一方面还应当保证本身能够防范自己的代表和官吏，即宣布他们毫无例外地可以随时撤换。”[②] “无产阶级革命将建立**民主制度**。”[③] 恩格斯晚年还在《爱尔福特纲领批判》中指出：“如果说有什么是勿庸置疑的，那就是，我们的党和工人阶级只有在民主共和国这种政治形式下，才能取得统治。民主共和国甚至是无产阶级专政的特殊形式。”[④]

正因为民主与人民主体地位和人民当家作主相联系，马克思主义高度重视民主的发展，确立了以人民为主体的民主是社会主义的根本目的。列宁在领导社会主义革命和社会主义国家的建设中更明确地指出：“没有民主，就不可能有社会主义，这包括两个意思：（1）无产阶级如果不通过争取民主的斗争为社会主义革命作好准备，它就不能实现这个革命；（2）胜利了的社会主义如果不实行充分的民主，就不能保持它所取得的胜利，并且引导人类走向国家的消亡。”[⑤] 在中国进入改革开放新时期后，邓小平也明确指出：“没有民主就没有社会主义，就没有社会主义的现代化”，“民主化和现代化一样，也要一步一步地前进。社会主义愈发展，民主也愈发展”[⑥]。

二、坚持人民主体地位

发展民主，必须坚持马克思主义民主理论，即坚持人民主体地

---

① 马克思，恩格斯．马克思恩格斯选集：第 1 卷．北京：人民出版社，1995：293.
② 马克思，恩格斯．马克思恩格斯选集：第 3 卷．北京：人民出版社，1995：12.
③ 马克思，恩格斯．马克思恩格斯全集：第 4 卷．北京：人民出版社，1958：367.
④ 马克思，恩格斯．马克思恩格斯全集：第 22 卷．北京：人民出版社，1965：274.
⑤ 列宁．列宁全集：第 28 卷．北京：人民出版社，1990：168.
⑥ 邓小平．邓小平文选：第 2 卷．北京：人民出版社，1994：168.

位。坚持人民主体地位构成民主的真义，只有如此，民主才成为当代国家治理之根，失去了它就失去一切。党的十九大报告庄严宣告："必须坚持人民主体地位"。"我国社会主义民主是维护人民根本利益的最广泛、最真实、最管用的民主。发展社会主义民主政治就是要体现人民意志、保障人民权益、激发人民创造活力，用制度体系保证人民当家作主。"① 以习近平同志为核心的党中央牢记这样的政治承诺，更加坚定地坚持人民主体地位的崇高信念。

为什么必须坚持人民主体地位的崇高信念？第一，人民群众是中国特色社会主义各项事业的创造主体。中国特色社会主义是前无古人的事业，在这项全新的事业中，人民群众始终发挥着创造作用。在改革开放新时期，全国人民群众在中国共产党的带领下，充分发挥首创精神，开拓进取，不断创新，在经济、政治、文化、社会和生态文明建设的各个领域，取得了举世瞩目的伟大成就，使中国特色社会主义道路越来越宽广，理论体系越来越丰富，制度越来越完善。

第二，人民群众是中国特色社会主义各项事业的发展主体。中国特色社会主义是长期持续发展的事业，人民不但是这项事业的创造主体，而且是这项事业的发展主体。没有人民主体地位作用的发挥，就不可能有中国特色社会主义各项事业的持续发展。从中国特色社会主义的发展进程来看，人民群众切实担当起了国家主人的责任，通过民主选举选出自己的代表，依法积极参与国家事务和社会事务，充分行使自己的知情权、参与权、表达权、监督权，对经济、政治、文化、社会各项事业进行民主决策、民主治理、民主监督，确保我国的社会主义市场经济、民主政治、先进文化、社会建设和生态文明建设，始终沿着中国特色社会主义的正确方向前进。

第三，人民群众是中国特色社会主义各项事业的治理主体。中国

① 决胜全面建成小康社会　夺取新时代中国特色社会主义伟大胜利. 人民日报，2017-10-28.

特色社会主义坚持依法治国，人民是国家治理的主人，在依法治国中处于主体地位，起着主体作用。人民代表大会制度是保证人民当家作主的根本政治制度，人民通过法治的方式实现当家作主，人民以法治的方式治理国家。人民是依法治国的力量源泉。必须坚持法治建设为了人民、依靠人民、造福人民、保护人民，以保障人民根本权益为出发点和落脚点，保证人民依法享有广泛的权利和自由、承担应尽的义务，维护社会公平正义，促进共同富裕。必须保证人民在党的领导下，依照法律规定，通过各种途径和形式参与治理国家事务和社会事务。

坚持人民主体地位，是共产党的光荣职责。作为执政的共产党人、领导干部，无论何时都必须认识到，人民群众既是中国共产党的力量之源、胜利之本、执政之基，也是实现中国梦的根本力量。坚持人民主体地位，就要充分激发人民群众的创造活力。必须尊重劳动、尊重知识、尊重人才、尊重创造，积极营造鼓励人们干事业、支持人们干成事业、帮助人们干好事业的社会氛围。要广泛集中人民群众的智慧，要把群众路线贯穿于决策和工作的全过程，问政于民、问需于民、问计于民，做到决策前认真听取群众意见呼声，在群众的实践活动中接受检验并完善决策。

坚持人民主体地位，作为执政的共产党人、领导干部无论何时都必须认识到，人民群众是社会财富的创造主体，同时又是享有社会财富、不断满足自身需要的利益主体，必须把实现好、维护好、发展好最广大人民的根本利益作为我们一切工作的出发点和落脚点。经过改革开放 40 年的发展，人民群众物质文化生活水平不断提高，需求层次也不断提高，利益诉求更加多样。应在继续加大保障和改善民生力度的同时，主动把握人民群众的新期待、新要求，以实现人的全面发展为目标，更好地保障人民群众各方面权益。

坚持人民主体地位，作为执政的共产党人、领导干部无论何时都要按照群众路线的要求，树立群众观点、站稳群众立场，解决好“为了谁、依靠谁、我是谁”的问题。这就要求共产党员、干部，一定要尊重群众首创精神，虚心向群众学习，使党的理论和路线、方针、政策建立在人民群众的利益、愿望和实际状况的基础上。要牢记人民主体地位就是人民是权力的主体，从权力的来源看，党员、干部必须牢记权为民所赋；从权力运行的目的看，党员、干部必须牢记权为民所用；从权力的责任看，党员、干部必须牢记权为民所管。必须自觉接受人民群众的监督，不断改进工作、勇于修正错误、提高水平能力，永葆共产党人的政治本色。

对于执政的中国共产党来说，能否坚持人民主体地位，最关键的在于党的干部和党员能否正确对待手中的权力，当好人民的公仆。经济学上有一个著名定律，即“劣币驱逐良币”，说的是成色不良的铸币与成色优良的铸币在市场上一样流通，人们往往将良币收藏起来，久而久之良币会逐渐退出流通，而市面上流通的都是成色不良的劣币——劣币把良币赶出了市场。劣币能够驱逐良币，主要因环境生态使然，这一定律也存在于一些政治生态不良的地方，而坏的政治生态就如同一个大染缸，在“劣币驱逐良币”的官场政治生态下，一些“优质者”也会被“劣质者”或者被搞团伙的帮派“小圈子”所排挤。要防止“劣币驱逐良币”，关键是必须营造良好的政治生态环境。为此，必须科学认识公共权力，应强调三个方面：一是公共权力的为民性；二是公共权力的有效性；三是公共权力的纯洁性。正是基于此，十八大后以习近平同志为核心的党中央在全党开展群众路线教育实践活动，明确地将主题定位在“为民、务实、清廉”，通过坚持群众路线，使干部紧密联系群众常态化，不断强化人民主体地位的信念，消除权力腐败，形成良好的政治生态环境。

第三节 中国特色社会主义的新民主观

随着时代的发展，究竟中国应该怎么认识民主、发展民主，成为当代中国面临的焦点问题。现在，不可否认西方国家的民主陷入了很大的困境，遭遇到很大的麻烦。西方发达国家向东方不发达国家输出民主也已产生了很大的质疑，打了很大的折扣。由于一些非西方的国家，例如乌克兰、泰国、突尼斯、利比亚、埃及等国，信奉民主形式唯一论，盲目地照搬照套西方民主，带来的不是繁荣安定的福音，而是纷争动乱的祸源，事实上这已经宣告了“民主形式等于西方模式”“西方民主模式是唯一的”等学说的破产和终结。

一、新民主观的提出

2014 年 9 月 5 日和 9 月 21 日，习近平分别发表了《在庆祝全国人民代表大会成立 60 周年大会上的讲话》《在庆祝中国人民政治协商会议成立 65 周年大会上的讲话》。这是论述中国特色社会主义民主政治的重要文献，代表着中国共产党对民主问题的最新认识。两篇讲话深刻地、创新性地阐释了中国特色社会主义民主政治众多的重大理论问题，由此宣示了中国新民主观的诞生。

中国新民主观的诞生，是建立在全新的、坚实的制度基础之上的。习近平明确指出：“在中国，发展社会主义民主政治，保证人民当家作主，保证国家政治生活既充满活力又安定有序，关键是要坚持党的领导、人民当家作主、依法治国有机统一。人民代表大会制度是坚持党的领导、人民当家作主、依法治国有机统一的根本制度安排。”①

以人民代表大会制度作为中国发展民主政治的根本政治制度，是中国新民主观创新的立足点。习近平指出：“以什么样的思路来谋划和推进中国社会主义民主政治建设，在国家政治生活中具有管根本、管全局、管长远的作用。古今中外，由于政治发展道路选择错误而导致社会动荡、国家分裂、人亡政息的例子比比皆是。中国是一个发展中大国，坚持正确的政治发展道路更是关系根本、关系全局的重大问题。”② 人民代表大会制度是中国发展社会主义民主政治最为正确的道路选择。“人民代表大会制度是中国特色社会主义制

---

①② 习近平．在庆祝全国人民代表大会成立 60 周年大会上的讲话．人民日报，2014-09-06.

度的重要组成部分，也是支撑中国国家治理体系和治理能力的根本政治制度。”[①]

通过体现党的领导、人民当家作主、依法治国有机统一的人民代表大会制度发展中国社会主义民主政治，是一种坚实牢靠的新型民主形式。习近平指出：“实现民主的形式是丰富多样的，不能拘泥于刻板的模式，更不能说只有一种放之四海而皆准的评判标准。”[②] 长期以来，由于西方国家率先通过资产阶级革命，推翻了封建专制统治，形成了民主政体和民主制度的模式。人们由此产生了根深蒂固的观念和思维惯性，“天下民主、定于一尊”，民主只能有一种，那就是西方民主，只有西方的民主才称之为民主，其他的民主都不能算作民主。这当然是陷入了认识民主的误区。

“橘生淮南则为橘，橘生淮北则为枳”，这本来是一个极为普通的道理。然而，人们也往往容易在常识上犯错误。现在，习近平强调民主绝非只是一种“刻板的形式”和唯一的“评判标准”，民主应该是多样化的，它在现实中会表现出各种形态。名非天造，必从其实，习近平高度肯定了“中国特色社会主义民主是个新事物，也是个好事物”[③]。这就从根本上否定了民主只能是一种“西式”的冠名，为应该提出而且也必须提出不同于西方的中国特有的新民主政治观，扫清了思想障碍，确立了科学前提。

二、新民主观的内涵

发展符合中国国情的社会主义民主政治的新民主观，是由以下诸多方面的全新要素构成的。

（1）新民主观主张“中国共产党领导人民实行人民民主”[④]。在

---

① 习近平．在庆祝全国人民代表大会成立 60 周年大会上的讲话．人民日报，2014-09-06.

② 习近平．在庆祝中国人民政治协商会议成立 65 周年大会上的讲话．人民日报，2014-09-22.

③ 同①.

④ 同②.

西方看来，民主就是多党竞争，怎么能由一个政党来领导民主呢，这当然是一种偏见。在中国，共产党全心全意为人民服务的性质和宗旨，善于倾听人民的声音和意见，自觉接受人民的监督，决定了它不但可以领导民主，而且能使民主卓有成效。“发展社会主义民主政治，关键是要增加和扩大我们的优势和特点，而不是要削弱和缩小我们的优势和特点。我们要坚持发挥党总揽全局、协调各方的领导核心作用，提高党科学执政、民主执政、依法执政水平，保证党领导人民有效治理国家，切实防止出现群龙无首、一盘散沙的现象。”① 作为西方国家的政党，则只有一个功能，即捞取选票的功能，竭尽全力取得选举的胜利、上台执政，而根本没有组织和领导民主的功能。

(2) 新民主观主张“保证和支持人民当家作主”②。这样的保证和支持人民当家作主，绝不是一句口号，也不是一句空话，而是必须落实到国家政治生活和社会生活之中，具体地保证人民能够依法享有有效行使管理国家事务、管理经济和文化事业、管理社会事务的权利。这与西方民主表面上尊重人的自由和选择意愿、尊重人的权利和法治规则，但实际上忽视和搁置了公民的管理权利，形成了明显的对比。之所以能够保证和支持人民当家作主，是因为新民主观强调一系列的人民民主原则：第一，人民主权原则。无产阶级和劳动人民是社会主义国家的主人，他们拥有决定社会公共事务的最高权力，他们的利益是社会的最高利益，是政治生活的最大价值取向。人民主权原则一般通过直接民主和间接民主两种形式来实现。一方面，广大人民通过普选制来选举自己的代表，委托国家官员来实施对于社会的政治管理；另一方面，他们通过各种自治组织和制度来实现对于社会事务的直接管理。第二，议行合一原则。这一原

① 习近平. 在庆祝全国人民代表大会成立 60 周年大会上的讲话. 人民日报，2014-09-06.

② 习近平. 在庆祝中国人民政治协商会议成立 65 周年大会上的讲话. 人民日报，2014-09-22.

则可以保证社会和国家重大事务的决定权由代表广大人民利益和意志的最高权力机关掌握，使国家行政、司法机关的活动符合广大人民的利益和意志。第三，共产党领导原则。共产党是实现人民权利和社会主义民主的主导力量，坚持共产党的领导是工人阶级和劳动人民利益及其政治权利得到实现的根本保证。共产党的领导必须以宪法为基本活动准则。第四，政治协商原则。在社会主义社会，人民内部各个阶层、团体、集体以及个人的根本利益是一致的，但是他们在具体的权利实现过程中也会产生各种矛盾，这些矛盾只是人民内部矛盾，必须以政治协商的正确方式加以解决。第五，人民监督原则。人民可以对人民代表和国家官员进行监督，这样可以保证人民代表和国家官员切实代表人民的利益和要求，正确执行人民的意志。人民监督一般通过权力机关监督、政治组织监督、社会舆论监督等形式来实现。第六，法制原则。社会主义法制不仅可以集中体现人民的意志，而且也可以有效保障人民政治权利的实现。一方面，社会主义国家的宪法和法律确认了人民的主人地位以及他们的各项权利，并以专门的法律来保障这些权利的实现。另一方面，社会主义法制惩罚一切侵犯人民政治权利的行为，为社会主义民主的实现提供必要的环境。

（3）新民主观主张“坚持和完善人民代表大会制度，必须坚持民主集中制”①。民主集中制是中国共产党实践民主政治的创造，是中国国家组织形式和活动方式的基本原则。人民代表大会统一行使国家权力，全国人民代表大会是最高国家权力机关，地方各级人民代表大会是地方国家权力机关。各级人民代表大会都由民主选举产生，对人民负责、受人民监督；各级国家行政机关、审判机关、检察机关都由人民代表大会产生，对人大负责、受人大监督；国家机关实行民主集中制，决策权、执行权、监督权既有合理分工又能相互协调；在中央

① 习近平．在庆祝全国人民代表大会成立60周年大会上的讲话．人民日报，2014-09-06.

统一领导下，充分发挥地方主动性和积极性，保证国家统一，高效组织推进各项事业。

（4）新民主观的实质在于协商民主。“协商民主是中国社会主义民主政治中独特的、独有的、独到的民主形式。”① 只有通过协商民主，才能够把人民最广泛地、最大限度地涵盖进来、包容起来。习近平指出：“在中国社会主义制度下，有事好商量，众人的事情由众人商量，找到全社会意愿和要求的最大公约数，是人民民主的真谛。”② 新民主观发展民主政治，更借重于协商民主形式。中国实行民主，虽然包含选举民主，但两者比较起来，协商民主更为重要。诚然，中国的新民主观没有也不能排斥选举民主，选举民主是不可或缺的。选举民主和协商民主，即人民通过选举、投票行使权利和人民内部各方面在重大决策之前进行充分协商，尽可能就共同性问题取得一致意见，这是中国社会主义民主的两种重要形式。在中国，这两种民主形式不是相互替代、相互否定的，而是相互补充、相得益彰的，共同构成了中国社会主义民主政治的制度特点和优势。但是，若对这两种形式进行比较的话，显而易见，协商民主更为重要。这正如习近平所说的：“社会主义民主不仅需要完整的制度程序，而且需要完整的参与实践。人民当家作主必须具体地、现实地体现到中国共产党执政和国家治理上来，具体地、现实地体现到中国共产党和国家机关各个方面、各个层级的工作上来，具体地、现实地体现到人民对自身利益的实现和发展上来。”③ 高度重视协商民主，这也与西方国家的民主形成了巨大的反差。西方国家，则只讲公民的投票权利，而忽视公民广泛参与的民主权利，选民只有在投票时被唤醒，投票后就进入休眠期。从这样的实际情况看，西方民主不过是徒具形式、内容空空而已。

三、新民主观的特点

新民主观作为中国发展民主政治的一种崭新的民主理论，其自身

①②③ 习近平．在庆祝中国人民政治协商会议成立 65 周年大会上的讲话．人民日报，2014-09-22.

必然带有一系列的鲜明特点。这些特点决定了中国新民主政治观具有强大的生命力和发展前景。

一是新民主观体现了马克思主义和中国共产党老一辈领导人早就为其奠定了理论根基的特点。根据党的有关文献，习近平在讲话中做了有力的引述佐证。毛泽东曾说过，国家各方面的关系都要协商。我们的政府可以叫它是个商量政府。周恩来也曾说过，新民主主义的议事精神不在于最后的表决，主要是在于事前的协商和反复的讨论。可见，毛泽东、周恩来很早就强调了中国民主在于协商民主的这一最重要和最具特色的问题。

二是新民主观体现了具有久远的历史传统和历史来源的特点。习近平从五个方面作了揭示：第一方面，它源自中华民族长期形成的天下为公、兼容并蓄、求同存异等优秀政治文化；第二方面，它源自近代以后中国政治发展的现实进程；第三方面，它源自中国共产党领导人民进行革命、建设、改革的长期实践；第四方面，它源自新中国成立后各党派、各团体、各民族、各阶层、各界人士在政治制度上共同实现的伟大创造；第五方面，它源自改革开放以来中国在政治体制上的不断创新。这五个方面的来源，决定了新民主观具有深厚的文化基础、理论基础、实践基础和制度基础。

三是新民主观体现了贯彻党的群众路线和民主集中制的领导制度与组织原则的特点。新民主观强调社会主义协商民主，这是中国共产党的群众路线在政治领域的基本定论，群众路线从根本上决定了中国共产党必须紧紧依靠人民治国理政。中国共产党领导民主、实践民主，也必须按照群众路线的要求，坚持一切为了群众，一切依靠群众，从群众中来，到群众中去，把自己的正确主张变为群众的自觉行动。群众路线在领导制度和工作规则上，要求必须实行民主集中制。“从群众中来”，是民主基础上的集中过程；“到群众中去”，是集中指导下的民主过程；这两个过程归根到底都是民主的过程，是人民群众当家作主的过程。由于民主集中制体现了反复的协商、广泛的协商，所以，这样的协商过程就是发扬民主、集思广益的过程，就是统一思想、凝聚共识的过程，就是科学决策、民主决策的过程，就是实现人民当家作主的过程。

四是新民主观体现了能对中国共产党自身提出严格要求的特点。我们必须承认，中国特色社会主义民主政治，包括它的协商民主在内，在实践中还会遇到很多的阻力，实行起来没有那么容易。因此，中国共产党对自己就要严格要求，习近平指出："应该是实实在在的、而不是做样子的，应该是全方位的、而不是局限在某个方面的，应该是全国上上下下都要做的、而不是局限在某一级的。因此，必须构建程序合理、环节完整的社会主义协商民主体系，确保协商民主有制可依、有规可守、有章可循、有序可遵。"① 要达到这样的要求，当然需要付出艰辛的努力。例如，按照这样的要求，就应该通过各种方式，在各个层级、各个方面同群众进行协商。要完善基层组织联系群众制度，加强议事协商，做好上情下达、下情上传工作，保证人民依法管理好自己的事务。要推进权力运行公开化、规范化，完善党务公开、政务公开、司法公开和各领域办事公开制度，让人民监督权力，让权力在阳光下运行。

五是新民主观体现了特别重视和强调民主实效性的特点。习近平一语破的地指出："民主不是装饰品，不是用来做摆设的，而是要用来解决人民要解决的问题的。"② 为什么我们那么重视协商民主，就是因为它可以有效克服党派和利益集团为自己的利益相互竞争甚至相互倾轧的弊端；可以广泛畅通各种利益要求和诉求进入决策程序的渠道，有效克服不同政治力量为了维护和争取自己的利益固执己见、排斥异己的弊端；可以广泛形成发现和改正失误和错误的机制，有效克服决策中情况不明、自以为是的弊端；可以广泛形成人民群众参与各层次管理和治理的机制，有效克服人民群众在国家政治生活和社会治理中无法表达、难以参与的弊端；可以广泛凝聚全社会推进改革发展的智慧和力量，有

---

①② 习近平．在庆祝中国人民政治协商会议成立65周年大会上的讲话．人民日报，2014-09-22．

效克服各项政策和工作共识不高、无以落实的弊端。这说明，民主如果没有实际效用，讲得再怎么好听，终究是于事无补，只能贻笑大方。

第四节　中国式民主的特色和优势

世界上的民主，模式是多种多样的。这是因为在实现和发展民主的进程中，由于各国采用的途径、方式以及建立的民主制度与别国不同，从而具备了一套系统的、稳定的鲜明特色。

一、中国式民主的特色

列宁曾经指出，"在民主的这种或那种形式上"，"每个民族都会有自己的特点"①。民主的发展模式显然是多样性的，戴维·赫尔德在《民主的模式》中阐述道，民主可以分为古典的四种模式和现代的四种模式，并且他认为，"马克思主义的直接民主理论"② 就是民主的一种模式。因此，中国式民主的兴起和发展，完全是适合于中国国情的一种新型的民主模式，是世界民主模式多样性的生动体现。

长期以来，由于西方国家率先通过资产阶级革命，推翻了封建专制统治，形成了民主政体和民主制度的模式。人们由此产生了根深蒂固的观念和思维惯性，"天下民主、定于一尊"，似乎民主只有一种，那就是西方式民主，只有西方式民主才称之为民主，其他的民主都不能算作民主，这当然陷入了民主认识的误区。前面提到的埃及、利比亚、乌克兰、泰国这些国家，正因为它们信奉民主模式唯一论，盲目地照搬照套西方式民主，结果造成了国家的纷争动乱。现在，事实已经宣告了"民主模式等于西方模式""西方民主模式是唯一的"等学

---

① 列宁. 列宁全集：第28卷. 北京：人民出版社，1990：163.

② 戴维·赫尔德. 民主的模式. 北京：中央编译出版社，2004：5.

说的破产和终结。对此，习近平明确指出："实现民主的形式是丰富多样的，不能拘泥于刻板的模式，更不能说只有一种放之四海而皆准的评判标准。"① 当代中国，在马克思主义民主理论和新型民主观指引下形成了中国式民主。中国式民主的兴起和发展，既丰富了民主理论的宝库，又壮阔了世界民主的潮流。

中国式民主是中国开创的新型的民主模式。之所以是新型的民主模式，因为其具有自身的鲜明特点。中国式民主的特点体现在指导思想、核心力量、根本要求、经济基础、方式选择、次序排列、发展策略七个方面。

(1) 指导思想：马克思主义民主理论。在世界上所有的民主理论中，马克思主义的民主理论是最科学、最先进的。因为马克思、恩格斯以历史唯物主义和剩余价值学说为基础，科学地论证了社会发展的必然规律，揭示了民主的实质和发展规律。社会主义作为人类历史上的一种新型的社会形态，具有自身内在的一系列规定，民主是社会主义的本质特征之一。中国式民主需要以马克思主义民主理论为指导，是因为它属于社会主义，并以实现社会主义为依归。

(2) 核心力量：坚持中国共产党领导。中国式民主，是中国共产党作为执政党领导的人民民主，中国共产党形成了领导民主政治建设的核心力量。中国共产党独自担负起领导人民当家作主的职责和角色，是经过长达几十年的革命斗争才取得的，也是历史和人民的必然选择。中国共产党作为领导民主政治建设的核心力量，能够把亿万人民团结凝聚起来，维护中国国家统一与社会的和谐稳定。党的领导是中国特色社会主义的最大特色、最本质特征，党的领导是中国式民主发展的根本保证。

(3) 根本要求：人民当家作主。社会主义民主是最广大人民当

---

① 习近平．在庆祝中国人民政治协商会议成立65周年大会上的讲话．人民日报，2014-09-22.

家作主的民主，真正实现最广大人民当家作主，既是社会主义民主政治的内在属性和鲜明特点，也是社会主义民主政治建设的根本任务和最高目标。人民是民主的主体，早在毛泽东和黄炎培在延安关于跳出“历史周期率”的窑洞对话中，就阐明了人民当家作主对于中国和中国共产党的重要性。毛泽东当时指出，我们已经找到新路，我们能跳出这周期率，这条新路就是民主。只有人民起来了，行使民主，监督政府，才能避免人亡政息。对此，黄炎培极为认同，他说，这话是对的，只有大政方针决之于公众，个人功业欲才不会发生。只有把每一地方的事，公之于每一地方的人，才能使地地得人，人人得事。

（4）经济基础：公有制保障公平正义。在中国，公有制经济既是社会主义制度的经济基础，也是民主政治的经济基础。在社会主义初级阶段，国家坚持公有制为主体、多种所有制经济共同发展的基本经济制度，坚持按劳分配为主体、多种分配方式并存的分配制度，这就从经济基础上决定了中国式民主不受资本的操纵。在民主选举中，我国坚持由公有制经济为民主政治活动提供经费，而坚决反对和制止私人资本的介入和掌控。相比较而言，公有制经济更能保证民主政治的公平、正义。

（5）方式选择：协商民主是主要形式。民主的方式大致有竞争式民主、谈判式民主、协商式民主三种。协商式民主要求通过公民的参与，就决策和立法等问题相互交流、沟通，最终达成共识，和衷共济。协商式民主的核心要素是商议与共识，其结果是“多赢、共赢，利益最大化”。可见，这个方法很好。党的十八届四中全会《决定》指出，“协商民主是我国社会主义民主政治的特有形式和独特优势，是党的群众路线在政治领域的重要体现。在党的领导下，以经济社会发展重大问题和涉及群众切身利益的实际问题为内容，在全社会开展广泛协商，坚持协商于决策之前和决策实施之中”[1]。

---

① 中共中央关于全面推进依法治国若干重大问题的决定．人民日报，2014-10-29.

（6）次序排列：优先推动党内民主。经济、文化落后的国家，在普遍缺乏民主的情况下，要首先发展党内民主，通过党内民主先行和带动人民民主，实行党内民主和人民民主的互动，这是一条切实可行、稳妥有序的发展之路。正因为这样，中国式民主强调，要以发展党内民主带动人民民主。

（7）发展策略：渐进式推进民主。发展民主的策略主要有激进和渐进两种，中国选择的是渐进策略。由于中国的社会主义脱胎于半殖民地半封建社会，人民群众缺乏民主训练，需要首先扩大基层民主，重点搞好基层民主，这是完善发展中国特色社会主义民主政治的客观趋势和重要基础。只有奠定了这样牢固的基础后，才能从基层起步，徐图进展，逐级而上。因而，中国式民主的整个发展过程，必然呈现出渐进发展的样态。

二、中国式民主的优势

中国式民主具有的优势，是相对于中国如果实行西方式民主将出现的情况而言所具有的优势。这些优势主要在于：保持社会稳定，治理效率更高，人民权利实在，执政团队卓越。

1. 保持社会稳定

西方式民主的一个典型做法就是，实行一人一票的竞争普选。这极易导致民众对立、社会分裂。这样的做法在西方发达国家，由于经济发展程度较高，公民有较优良的民主素质尚且可以，而一旦移植到不发达国家，就会造成血与火的灾难。事实证明，在不发达国家推行西方式民主，带来的不是和平和稳定，而是战争和动乱，西方式民主拯救不了世界。在整个 20 世纪 90 年代里，许多国家举行自由的民主选举后，便立即进入战争状态。例如：亚美尼亚和阿塞拜疆开打、厄瓜多尔和秘鲁开打、埃塞俄比亚和厄立特里亚开打，还有布隆迪—卢旺达的大屠杀，导致一百多万人丧生。在 2010 年后，尝试实行西方式民主的埃及、利比亚、乌克兰、泰国、叙利亚等国也接连出现了分裂动荡。对此，中国式民主显得十分冷静、清醒，现在只在村、乡和城镇社区的基层实行直接选举，在县以上则实行间接选举，不搞全国性一人一票的普选。无论是直接选举还是间接选举，中国也都不搞两党制或多党制的竞争选举。中国实行中国共产党领导的多党合作和政治协商制度，各民主党派是参政党，它们和共产党形成了“肝胆相照、荣辱与共”的关系，和共产党一道为中国式民主的发展建言献策、出力使劲，而不像西方国家的多党制或两党制那样，为了争夺执政地位，为了各自的政治利益而彼此对立、互相倾轧，从而有力地保持了社会的稳定。

2. 治理效率更高

西方式民主的议会制，导致了恶性竞争，不同的政党出于私利，使决策久拖不决，效率十分低下。日裔美籍政治学家弗朗西斯·福山批评了西方式民主缺乏治理效率，指出现代民主体制要与三组制度相结合，即国家制度、法治制度和问责机制。福山这里提出的问责机制，就是国家治理需要效率的问题。在中国式民主之下，中国的人大制度和党委、政府的责任制，保证了效率。邓小平说：“社会主义国家有个最大的优越性，就是干一件事情，一下决心，一做出决议，就立即执行，不受牵扯。我们说搞经济体制改革全国就能立即执行，我们决定建立经济特区就可以立即执行，没有那么多互相牵扯，议而不决，决而不行。就这个范围来说，我们的效率是高的，我讲的是总的效率。这方面是我们的优势，我们要保持这个优势，保证社会主义的优越性。”① 邓小平对国家治理有三条标准：“第一，党和行政机构以及整个国家体制要增强活力，就是说不要僵化，要用新脑筋来对待新事物；第二，要真正提高效率；第三，要充分调动人民和各行各业基层的积极性。”②

---

① 邓小平. 邓小平文选：第 3 卷. 北京：人民出版社，1993：240.

② 同①241.

3. 人民权利实在

西方式民主只讲公民的投票权利，而忽视公民广泛参与的民主权利，选民只有在投票时被唤醒，投票后就进入休眠期。从这样的实际情况看，西方民主不过是徒具形式、内容空空而已。中国式民主，正如习近平所说的，“社会主义民主不仅需要完整的制度程序，而且需要完整的参与实践。人民当家作主必须具体地、现实地体现到中国共产党执政和国家治理上来，具体地、现实地体现到中国共产党和国家机关各个方面、各个层级的工作上来，具体地、现实地体现到人民对自身利益的实现和发展上来”①。中国式民主通过协商民主这样的独特的、独有的、独到的民主形式，能够把人民最广泛地、最大限度地涵盖进来、包容起来、动员开来，有效实现了人民群众的各项民主权利。

4. 执政团队卓越

在西方式民主中依靠选举上台的领导者，只要口才好、能言善辩，提出的政纲能吸引选民眼球，拥有选举的财富资源，尽管没有什么执政经验，也能选上，但治国能力和水平就得不到保证了。在中国，进入中央领导层的领导者，往往要从基层历练起，经过层层筛选，因而治国理政能力强。美国前总统奥巴马曾评价习近平主席，影响力令人印象深刻。基辛格虽然仅同习近平见过几次面，但感受到他的“坚定意志和勇气”。已故新加坡总理李光耀在《论世界与中国》一书中认为，习近平的经历“充满更多磨难”，有着“钢铁般的意志”。

第五节　中国式民主的改进完善

中国式民主的兴起和发展，还处在初始阶段，尚存在诸多不足，

---

① 习近平. 在庆祝中国人民政治协商会议成立 65 周年大会上的讲话. 人民日报，2014-09-22.

甚至带有缺陷，需要很好地进行改进完善。坚持和发展中国式民主，必须从理论上把握中国式民主一些内在的重要关系，从实践上解决存在的问题。

一、中国式民主的重大理论关系

1. 正确认识民主与专制的区别

中国式民主作为与专制对立的政治形式和国家形态，必须具有以下基本特征：第一，多数决定和保护少数人权利是民主运作的基本规则。民主以全体成员在社会公共事务上的意志一致为基础，但是，在实际政治生活中，要求每个公民在每一件政治事务上形成一致的意见既是不现实的，也是不可能的。因此，民主一般以多数同意为全体成员的共同意志所在，多数同意因而成为民主运作的基本规则。列宁在谈到这个问题时指出："民主就是承认少数服从多数的**国家**。"① 多数决定规则在具体运作过程中一般表现为以下几个方面：任何公共事务在形成决定之前必须由全体成员进行充分讨论，以便在此基础上形成公正的意向；人人平等，一人一票，按照多数人的意见作出决定；无论是赞成的多数，还是不赞成的少数，都必须在行动上遵守和执行按照多数原则作出的决定；如果修改按照多数原则作出的决定，也必须按照法定程序由多数来做决定。多数决定的规则还意味着对少数人基本权利的保护。多数决定的效力只能约束、规范人的行为，而不能用来限制、妨碍人的思想自由。在执行多数人的决定时，必须保护少数人的自由权利，允许少数人坚持、保留自己的观点、看法和思想，并在法定范围内维护和实施自己的政治权利。第二，直接民主和间接民主是民主实施的基本方式。民主不意味着每个公民都可以直接行使管理社会事务和政治事务的权利，不意味着任何公共事务都由全民公决。通常的做法是由人民选举出特定的公

---

① 列宁．列宁全集：第 31 卷．北京：人民出版社，1985：78.

职人员来代替自己行使权力。民主在这里体现为间接民主，又称代议制民主。在人类政治史上，间接民主是切实可行并得到广泛运用的民主政治形式，列宁对此指出：“没有代表机构，我们不可能想象什么民主，即使是无产阶级民主。”[①] 除间接民主外，直接民主也是民主政治的一种实现形式。直接民主就是由全体政治成员直接决定或管理社会公共事务。它与间接民主的根本区别就在于政治成员自身而不是通过代表去实施政治管理或决定公共事务。直接民主的具体方式主要包括全民公决、直接选举、群众自治等，但由于直接民主比较适合于基层社会，在其他的范围还不能成为一种经常运用的民主形式。

2. 正确认识民主与专政的关系

在日常的政治生活中，民主和专政是国家权力表现形式的两个方面，二者是复杂的矛盾统一体，彼此之间既有严格的区别，又有密切的联系，形成有机的辩证统一关系。具体表现在以下几个方面：第一，民主和专政都是一种历史现象，它们随着国家的产生而产生，也将随着国家的消亡而消亡。第二，民主和专政是互为条件、不可分割的。民主是一定的阶级用来调节内部矛盾、团结内部力量，以对对立阶级实行专政的手段；专政是一定阶级用来压制敌对阶级，保障本阶级利益不受侵犯、保障本阶级民主自由的手段。一定阶级的民主对于本阶级的内部成员来说是要实行民主，但对于与这个阶级对立的阶级来说就是要使用专政；反之，一定阶级的专政对于同这个阶级对立的阶级来说是使用专政，就是为了保护这个阶级内部成员所实行的民主。第三，民主和专政在一定条件下可以互相转化。当一个阶级取代另一个阶级而掌握国家政权时，原来的统治阶级就变成被统治阶级，原来的被统治阶级就变成了统治阶级。当无产阶级成为统治阶级时，民主和专政的转化将会是一种以

① 列宁．列宁全集：第 31 卷．北京：人民出版社，1985：45.

前没有的新情况。由于无产阶级专政是大多数人对极少数人的专政，这些少数的专政对象，当他们的本阶级被消灭后，经过一个时期的改造可以转入人民的行列，从而转化为民主的对象。第四，民主和专政都分别具有自己具体的对象和具体的方法，二者是有严格区别的。就中国的人民民主专政来说，一切反对社会主义革命和敌视、破坏社会主义建设的势力都是人民的敌人，是专政的对象，他们同人民之间的矛盾是敌我矛盾，解决这些矛盾的方法就是专政。一切赞成和拥护社会主义革命和建设的阶级、阶层以及社会团体都属于人民的范围，他们是民主的对象。

从民主与专政的辩证统一关系可以看出，对敌人实行专政的目的，就是保证人民民主的正常运行。如果脱离了这个目的，专政就变成了专横霸道。对人民实行民主的目的就是为了更好地对敌人实行专政，如果脱离了这个目的，民主就会蜕变为虚幻民主。只有在人民内部实行民主，才能把广大人民的积极性调动起来，才能对敌对者实行有效的专政。民主越强大，对敌对者的专政就越有效；同样，只有对敌对者实行专政，才能有效地维护和保障民主的实现。从这个意义上说，民主是目的，专政是手段。离开了社会新型民主，无产阶级专政就会成为一句空话。所以，对人民内部实行民主，是无产阶级专政最本质的特征，从这个意义上说，列宁把无产阶级专政称为无产阶级民主制是有其深刻含义的。在此需要指出的是，专政与专制具有截然不同的含义，专政反映的是国家的本质，专制反映的是国家的统治形式，在实际的政治生活中，应当特别注意二者的差别。

在分析民主与专政辩证统一关系的同时，必须反对把民主与专政二者对立起来的极端做法。从历史上看，民主与专政辩证统一的观点往往成为一切机会主义者和反对社会主义的势力攻击的主要目标。他们往往以极端的形式来破坏无产阶级专政。一种极端的形式是要求民主，反对专政，甚至假借民主的旗号反对社会主义制度，其目的是否定无产阶级专政。另一种极端的形式是要求扩大专政取消民主，打着对资产阶级加强专政的旗号，把专政扩大到人民内部，取消人民民主，搞所谓“全面专政”。这两种极端行为的实质就是把民主与专政对立起来、割裂开来。列宁在批判这一错误观点时曾经指出：“从庸俗的资产阶级观点来看，专政和民主这两个概念是互相排斥的。资产者不懂阶级斗争的理论，看惯了政治舞台上各个资产阶级小集团之间的无谓争执，以为专政就是废除一切民主自由和民主保障，就是恣意横行，就是滥用权力以谋专政者个人的利益。”①

3. 正确认识民主与集中的关系

社会主义民主是高度民主与高度集中的相互结合，这就是民主集中制，是指在民主基础上的集中和在集中指导下的民主相结合，既是民主的，又是集中的。它是民主的，是建立在充分民主基础上的，而不是脱离民主的，不是个人专制主义的；它又是集中的，民主是在多数共识的集中下完成的，不是没有集中指导的民主，也不是无政府主义。把民主与集中的关系运用到国家政治生活中主要表现为：第一，民主集中制体现在国家制度上，就是指国家的基本制度，包括政治制度、政党制度、社会团体的组织规则等都是按照民主集中制原则建立起来的，同时，它们的具体活动也必须遵守民主集中制的原则。第二，民主与集中涉及的实质问题就是各种利益分配的问题，它具体表现为公民与政府关系的实际状况，这种关系就是民主基础上的集中，在集中指导下的民主。在民主基础上的集中，通常表现为政府制定法律、法规和具体的公共政策必须能够体现民众的意志，必须代表民众的利益。我们所强调的政府决策民主化和科学化，就是为了把集中建立在民主的基础之上，这是正确的集中，是非常重要的。如果政府决策只是建立在个人或者是少数人利益基础之上，集中就蜕变成为专制、独裁。因此，衡量政府决策的正确与否，关键是把握住政府代表了谁的意志和利益。在集中指导下的民主，就是指个人在行使民主权利时，必须遵循国家的有关法律、法规和政策。个人的利益应该

---

① 列宁．列宁全集：第 31 卷．北京：人民出版社，1958：309．

在服从集体利益和不损害集体利益的前提下取得。如果把个人的权利和利益放在集体利益之上或者是损害了集体利益，这种做法就是错误的，是不被允许的。第三，民主集中制体现在具体的政治生活中就是实行少数服从多数的原则，也称为多数原则。由于每个人的观点、方法、利益、水平、角度不同，他们对问题就会有不同的看法，此时解决政治分歧唯一有效的办法就是采取多数原则，即少数服从多数。在多数原则上形成统一的决定后，全体成员都必须服从这个决定。民主集中制对于社会主义革命和建设具有重要意义，特别是对于社会主义市场经济新秩序的建立更为重要。邓小平在谈到这个问题时曾经指出："民主集中制是党和国家的最根本的制度，也是我们传统的制度。坚持这个传统的制度，并且使它更加完善起来，是十分重要的事情，是关系我们党和国家命运的事情。"① "民主集中制执行得不好，党是可以变质的，国家也是可以变质的，社会主义也是可以变质的。干部可以变质，个人也可以变质。"②

4. 正确认识民主与纪律的关系

在社会主义国家，人民是国家和社会的主人，不可以没有民主和自由，宪法和法律都规定公民有各种民主和自由权利。同时，也不可以没有纪律和秩序，没有纪律、没有秩序，社会就不可能正常地运转。享有自由权利与遵守必要的纪律是一致的，没有自由就不可能形成自觉的纪律，没有纪律，自由也得不到保障。邓小平在谈到民主的发展及其自由与纪律的关系时指出，"没有民主就不可能有自觉的纪律"③。"不要纪律和秩序的民主，决不是社会主义民主。"④ "合理的纪律同社会主义民主不但不是互相对立的，而且是互相保证的。"⑤

---

① 邓小平．邓小平文选：第1卷．北京：人民出版社，1994：312.
② 同①303.
③ 邓小平．邓小平文选：第2卷．北京：人民出版社，1994：83.
④ 同③359.
⑤ 同③360.

因此，作为社会主义国家和社会的主人，人民应该自觉地遵守纪律。民主、自由以遵守一定的纪律和秩序为前提。如果追求“无限制的自由”，必然给他人以不民主、不自由，最后自己也不会有真正的民主和自由。

5. 正确认识民主与法制的关系

社会主义民主和法制不可分，要把社会主义民主与社会主义法制紧密结合起来。邓小平指出，“民主和法制，这两个方面都应该加强，过去我们都不足。要加强民主就要加强法制。没有广泛的民主是不行的，没有健全的法制也是不行的。……民主要坚持下去，法制要坚持下去。这好像两只手，任何一只手削弱都不行。”[①] 民主与法制是一个问题的两个方面，二者是辩证统一、不可分离的。离开民主讲法制，法制就会被利用来作为压制民主、侵犯公民权利的借口；离开法制讲民主，民主就会被利用来搞极端民主化、无政府主义。

民主必须制度化、法律化。制度问题带有根本性，社会主义民主的制度化、法律化，就是将人民的民主权利，以及国家在政治、经济、文化、社会等方面的民主生活、民主结构、民主形式、民主程序等，用系统的制度和法律固定下来，使之具有制度上、法律上的完备形态，以保障国家政治生活的民主性和人民民主权利不受侵害。民主的制度化、法律化，应当做到民主内容的具体化和规范化。这是保障人民民主权利得以实现的根本而又有效的途径。

二、中国式民主的重大实践问题

中国式民主的兴起和发展，还在于必须解决好以下三个实践中存在的关键问题。

一是坚持党的领导和提高党的领导水平，有效地实施党的领导。要坚持党的领导和提高党的领导水平，就要以党内民主带动人民民

① 邓小平. 邓小平文选：第2卷. 北京：人民出版社，1994：189.

主。榜样的力量是巨大的。中国共产党的先进行为在整个社会具有重要的示范和带动作用。邓小平说："国要有国法，党要有党规党法。党章是最根本的党规党法。没有党规党法，国法就很难保障。"① 党的十六大报告指出："党内民主是党的生命，对人民民主具有重要的示范和带动作用。"② 按照党章规定，保障党员权利，这对于按照宪法保障公民权利无疑具有示范作用，建立健全党内民主制度对建立健全人民民主制度无疑也具有带动作用。

二是不断地支持人民当家作主。支持人民当家作主首先要改革和完善人民代表大会制度。应注重人大代表和委员的素质与结构。人大代表是国家权力机关的组成人员，应当具备良好的政治素质、道德素质、文化素质、身体素质和参政议政能力。应充分发挥民主，依法办事，做好代表候选人的提名推荐工作，选出各方面素质较好、具有一定的社会活动能力和参政议政能力的人当代表，不应把人大代表当作荣誉职务照顾安排。应创造条件设立人大代表工作室，使其能够接待和联系选民。应加强人大的组织机构建设，在县级以上地方各级人大常委会加强办事机构的建设，设立必要的工作机构和研究机构，配备一定的工作人员，改善办公条件，使其更好地为本级人大及其常委会依法行使职权服务。应完善人大工作制度，包括人大及其常委会会议的议事制度和人大常委会办事机构的工作制度。

三是注重保障和落实公民的民主权利。公民的民主权利主要包括选举权、知情权、管理权和监督权。选举权是公民参与政治的首要权利，公民有定期参与直接和间接的国家选举活动的权利。知情权是公民作为社会成员和国家成员，对于社会的公共信息，对于国家的基本政策和发展动向等有关信息，有知悉、了解的权利。知情权是公民实现民主权的前提性权利。管理权是公民享有的有效行使管理和治理国家事务、社会事务的权利。当前要不断完善村民自治，健全村党组织

---

① 邓小平．邓小平文选：第2卷．北京：人民出版社，1994：147.

② 全面建设小康社会，开创中国特色社会主义事业新局面．人民日报，2002-11-18.

领导的充满活力的村民自治机制，不断完善城市居民自治，建设管理有序、文明祥和的新型社区，健全基层自治组织和民主管理制度，完善公开办事制度，保证公民依法直接行使民主权利，管理基层公共事务和公益事业。监督权是公民对于国家机关和工作人员的履职情况进行检查纠正的权利。对于其中的违法失职行为，有向有关国家机关提出申诉、控告或者检举的权利。以上“四权”是人民当家作主的集中体现，必须使这些权利的行使得到保障和落实并富有成效。

第六章

基层群众自治制度

6 基层群众自治制度

基层群众自治制度，是指基层自治主体在不违背国家宪法和法律、法规强制性规定的前提下，自行管理，自行决定，或选出代表自行治理相关公共事务的制度。在中国，就行政区划层级而言，“基层”主要是指县级、乡级和村级。具体而言，包括县（自治县、旗）、市辖区、不设区的市、乡（民族乡）、镇以及城市的社区、农村的村庄。目前，中国的基层自治主要是指社区、村庄的自治。“自治”，是作为“官治”的对应物而出现的，或称“民治”。在英文中，“自治”为“self-government”，是指某些人或集体管理其自身事务，并且单独对其行为和命运负责的一种状态。实行基层自治，是因为国家权力只能在一定的范围内运行，超越了一定的范围就是它的能力所不及的，就会给经济和社会发展带来损害。基层社会的社区，就是国家管理不善也无须由国家管理的地方，它可以由相关的自治主体担负起管理的职责。中国是很早就开始探索和实行基层群众自治的国家，基层群众自治就是社会自负其责的表现。

第一节　基层群众自治制度的形成和发展

中国宪法和法律中所规定的基层群众自治主要涉及两种形式，即城市居民自治和农村居民自治，城市和农村群众自治组织有居民委员会和村民委员会。一个居民委员会或村民委员会治理的地域范围统称为“社区”，因此，中国的基层群众自治制度主要包括：城市社区居民自治组织和管理制度与农村社区村民自治组织和管理制度。

一、城市居民自治组织的形成和发展

城市群众自治组织是中国城市居民直接参与基层事务管理，依法行使管理国家和社会事务民主权利的一种具体方式。在中国，城市基层民主政治建设和基层治理选择以居民自治的方式展开，经历了一个

长期的、逐步深入的过程。

1. 创立及早期发展阶段（1949—1957 年）

中华人民共和国成立后，中国共产党在城市管理中废除了国民党时期的保甲制度，对大城市的区级建制进行了合并重组，形成市、区两级政府。由于当时的就业面还很小，大部分居民失业，同时城市中的一批半固定职业的劳动者在居民中占有很大的比重。为了有效地把城市居民组织起来，参加国家政治生活和生产活动，各地城市的军事管制委员会（军管会）和人民政府向基层派出工作组，组织居民开展各项民主改革活动，协助人民政府进行治安管理、开展爱国卫生和生产服务等日常工作，相继成立了城市街道办事处和居民委员会组织（简称“居委会”）。

1954 年，中央人民政府内务部总结了包括天津、武汉等城市建立居民组织和开展居民工作的经验，并于当年 12 月 31 日，由全国人大常委会制定了《城市居民委员会组织条例》，以法律的形式明确规定“居民委员会是群众性的居民组织”。参照公安户籍段的管辖区域设立，一般每一百户至七百户设一个居委会，由各居民小组推选的委员 7～17 人组成。企业职工居住集中的住宅区或者较大的集体宿舍，可以设立职工家属委员会兼任居委会的工作。这样，城市街道办事处和居民委员会作为城市基层管理体制的组织载体，正式纳入国家政治制度的框架。由此，居委会自治组织在全国各地蓬勃发展起来。

这一时期的居委会，在兴办本居住地居民的公共事务和公益事业，调解民事纠纷，协助维护社会治安，向人民政府及其派出机关反映民情民意，宣传各种法律、法规和方针、政策，维护居民合法权益，教育居民履行相应义务，组织文化娱乐活动，建立和发展居民之间的新型人际关系，做好优抚救济、青少年教育、公共卫生等方面工作，发挥了巨大作用。

2. 曲折发展阶段（1958—1965 年）

在“大跃进”和人民公社化运动的影响下，居委会为解决妇女劳动力的就业问题，兴办了一些生产与服务性机构（如食堂、修配服务站等），做了许多有益的工作；但在这一阶段，由于“狠抓阶级斗争”，影响了居委会正常功能的发挥。并且，在许多城市，居委会经过调整合并后减少了许多，其成员主要是企事业单位退休人员、居委会干部和居委会开展工作过程中涌现出来的少数积极分子。因此，在这一时期，无论是居委会的组织机构，还是人员素质都受到了相当程度的削弱，居委会的功能发挥受到了较大影响。

3. 停滞与被破坏阶段（1966—1977 年）

在“文化大革命”中，整个居委会组织瘫痪并遭到严重破坏，被更名为“革命委员会”，建立了群众专政队和业余工宣队，进驻了民兵小分队。在这种情况下，居委会的工作实质上是以“阶级斗争”为中心，其作用受到很大限制。“文化大革命”期间，受阶级斗争扩大化的影响，居委会群众自治的性质被歪曲，功能变形，成为开展群众性阶级斗争的工具，既严重背离了城市建立居委会的初衷，也与现代民主政治的要求背道而驰。

4. 恢复及发展阶段（1978 年至今）

改革开放后，居委会长期以来性质不清、职责不明的问题得到了纠正，城市居民自治开始进入法制化的新阶段。1982 年制定的宪法规定：“人民依照法律规定，通过各种途径和形式，管理国家事务，管理经济和文化事业，管理社会事务。”“城市和农村按居民居住地区设立的居民委员会或者村民委员会是基层群众性自治组织。”为了使居委会的工作有法可依，保障它的健康发展，1989 年，第七届全国人大常委会第十一次会议重新修订《城市居民委员会组织条例》，并改名为《中华人民共和国城市居民委员会组织法》。在国家正确方针的指导下，全国建立了十余万个城市居委会。

经过 30 多年的建设和发展，城市社区在民主选举、提供服务等方面取得了明显成效。在民主选举方面，中国城市地区已经普遍建立了由社区居民通过直接方式选举的社区委员会或社区居民委员会等群众自治组织。与此同时，城市社区的民主决策、民主管理、民主监督制度也在逐步规范和完善之中。在社区服务方面，社区自治组织的作用不断加强。目前，社区服务工作主要以社区自治组织为依托，通过市场服务主体、社区志愿者队伍和政府扶助等形式，广泛开展面向社区居民的便民、利民服务和文化、体育、娱乐、卫生服务，面向离退休老年人、残疾人、优抚对象的社会福利服务，面向困难居民、困难职工的特殊服务和面向社区及企事业单位的社会事务服务等，受到了社区居民和单位的广泛欢迎，并由此增强了社区意识和社区凝聚力。城市居民依法实行自我管理、自我服务、自我教育、自我监督，为推进社会主义民主政治，促进城市经济发展和社会进步，发挥了巨大作用。

二、农村村民自治组织的形成和发展

农村基层自治发端于 20 世纪 80 年代初期，并在 80 年代中后期伴随着人民公社体制的解体而迅速普及，成为具有中国特色社会主义的农村基层民主制度和农村治理的一种有效方式。中国农村的社区村民自治，大致经历了三个发展阶段。

1. 探索阶段（1980—1987 年）

1978 年后，中国的改革率先从农村突破，在全国范围内普遍实行了以“大包干”为主要形式的家庭联产承包责任制。这一制度的推行，一方面使农民获得了生产经营自主权，也使农村的生产方式和分配方式发生了根本性的变化；另一方面也导致原来负责组织农民统一生产、统一分配，实行政社合一的人民公社的解体，生产大队、生产队两级组织失去了依托而逐渐瘫痪。农村基层管理的某些职能无人负责，村庄里出现了一定程度的无序混乱状态。在这种情况下，一些地方的农民自发创设了村民委员会这一新的组织形式。1980 年 2 月，全国出现了第一个村民委员会。这一新生事物的出现，得到了中央的高度重视和充分肯定。1981 年下半年，中央派出调查组，经过深入调查研究后对这一做法予以肯定。1982 年修改宪法时，总结各地经验，把“村民委员会”这一组织形式写进了宪法条文，明确规定了村民委员会的性质和任务，确立了村民委员会是群众自治组织的法律地位。之后，全国农村逐步建立了乡镇政府和村民委员会。

2. 发展阶段（1988—1998 年）

虽然宪法对村民委员会的性质和任务作了规定，但是村民委员会建立之后，农民群众如何实行自我管理、自我服务、自我教育、自我监督，需要在实践中不断探索，并从法律上加以规范。1987 年，第六届全国人大常委会第二十三次会议审议通过的《村民委员会组织法(试行)》，就是在总结各地实践经验的基础上制定的，它为村民自治提供了法律保障。1990 年，中央几个部委联合召开会议，对村民自治给予了充分肯定。1992 年，中央总结了“依法建制，以制治村，民主管理”的经验，丰富了村民自治的内容。1994 年，中央召开的全国农村基层组织建设工作会议，明确提出完善村民选举、村民议事、村务公开、村规民约等项制度，使村民自治的内容和形式进一步完善。民政部在认真总结各地经验的基础上，将村民自治活动概括为“四个民主”，即民主选举、民主决策、民主管理和民主监督。

3. 普及阶段（1998 年至今）

在《村民委员会组织法》10 年试行期间，村民自治从探索试点到面上展开，从思想认识分歧较多到逐步统一，从具体操作办法不规范到逐步规范，不断走向成熟，日益深入人心，并植根于广阔的农村大地。1998 年 11 月 4 日，经第九届全国人大常委会第五次会议审议，通过了修订后的《村民委员会组织法》，在加强党的领导、选人、议事、监督等方面充实了新的内容，对村民委员会的性质、职能和相关问题作了更加明确的规定，从而使村民自治有了更加可靠的法律保障。截至2009年底，我国基层群众自治组织共计68.4万个。其中，村委会59.9万个，村民小组480.5万个，村委会成员234.0万人；社区居委会8.6万个，居民小组129.5万个，居委会成员43.1万人。2010年10月28日，《中华人民共和国村民委员会组织法》再次经由第十一届全国人大常委会第十七次会议修订通过。村民自治发展到今天，已经成为国家在农村工作中的一项基本政策，成为与家庭承包经营、乡镇企业并列的农村改革30多年来的三大成果之一。

第二节　城市居民自治组织和管理制度

居民委员会是城市按居民居住地区设立的一种基层自治组织。它遵守国家的法律、法规和政策，接受城市人民政府或其派出机关的指导，遵循民主集中制和群众自愿的原则，采取自力、互助、调解、劝导等一系列具体工作方法，在属于管辖的居民区开展那些有利于促进城市基层社会主义民主和社会主义文明建设的工作，成为居民进行自我管理、自我服务、自我教育、自我监督的组织形式。

一、居民委员会的性质和任务

中国的《宪法》和《城市居民委员会组织法》都规定，城市按居民居住地区设立的居民委员会是“基层群众性自治组织”。这就表明：(1) 居民委员会是群众性组织，它既不是国家权力机关，也不是国家的行政机关、司法机关和它们的派出机关。(2) 居民委员会是按居民居住地区设立的群众性组织。这里的居住地区是按街、弄或巷来划分的，因此不同于在少数民族聚居地区设立的民族自治地方的自治机关，也不同于按性别、年龄和职业等特点建立的群众组织，如妇联、共青团、工会和文联等。(3) 居民委员会是基层群众性组织。它既不是全国性的组织，也不是省、市、县、乡一级规模的组织，它只在自己所处的居民区活动。（4）居民委员会是一种自治组织。它遵守国家的法律、法规和政策，接受城市人民政府或其派出机关的指导，遵循民主集中制和群众自愿的原则，采取自力、互助、调解、劝导等一系列具体工作方法，在其管辖的居民区开展有利于促进城市基层社会主义民主和文明建设的工作，成为居民进行自我管理、自我服务、自我教育、自我监督的组织形式。

由居民委员会的性质所决定，一方面，居民委员会对上级即对市辖区、不设区的市人民政府及其派出机关而言，不是它们的下级机关，因而它们不能向居民委员会下达指令，它们的工作机关也不能向居民委员会硬性摊派任务。当然，这并不是说居民委员会不应该协助它们办理那些可以办到的事情。由于历史的原因和发展的结果，居民委员会实际上还承担着一定的行政组织职能。另一方面，居民委员会对居民而言，不是国家的权力机关、行政机关和司法机关，它的一切决议，对居民不具有法律效力。但是，作为一个居民，无论担任什么职务，从事什么职业，都应当遵守居民委员会的有关决议，积极参加居民委员会组织的各项公益事业和社区服务活动，在居民委员会这一自治组织中履行自己应尽的义务。

根据《城市居民委员会组织法》的规定，居民委员会的主要任务是：（1）宣传宪法、法律、法规和国家的政策，维护居民的合法权益，教育居民履行依法应尽的义务，爱护公共财产，开展多种形式的社会主义民主和文明建设活动；（2）办理本居住地区居民的公共事务和公益事业；（3）调解民间纠纷；（4）协助维护社会治安；（5）协助人民政府或者它的派出机关做好与居民利益有关的公共卫生、计划生育、优抚救济、青少年教育等项工作；（6）向人民政府或者它的派出机关反映居民的意见、要求和提出建议。居民委员会应当开展便民利民的社区服务活动，可以兴办有关的服务事业；监督执行由居委会讨论制定的居民公约；对依照法律剥夺政治权利的人（编入居民小组）进行监督和教育。

二、居民委员会的组织与作用

在中国城市，由于居民住户密度的大小不同，因而按居民居住的地段设立的居民委员会所辖住户数量的大小也不同。《城市居民委员会组织法》第六条规定："居民委员会根据居民居住状况，按照便于居民自治的原则，一般在一百户至七百户的范围内设立。"实际上，从一百户到几百户，甚至一千多户的都有，例如，在北京和上海等大城市的居民委员会，住户数量都较多。

城市居民委员会的组织机构和工作活动，根据《城市居民委员会组织法》的规定，应当包括：(1) 居民会议、居民委员会、居民委员会下属各委员会和居民小组。(2) 居民委员会由主任、副主任和委员共 5～9 人组成，由本居住地区全体有选举权的居民或者由每户派代表选举产生；根据居民意见，也可以由每个居民小组选举代表 2～3 人选举产生。居民委员会每届任期三年，其成员可以连选连任。居民委员会向居民会议负责并报告工作。居民委员会可以分设若干小组，小组长由居民小组推选。(3) 居民会议可以由全体 18 周岁以上的居民或者由每户派代表参加，也可以由每个居民小组选举代表 2～3 人参加。居民会议必须由全体 18 周岁以上的居民、户的代表或者居民小组选举的代表的过半数出席，才能举行。会议的决定，由出席人的过半数通过。居民会议由居民委员会召集和主持。有 1/5 以上的 18 周岁以上的居民、1/5 以上的户或者 1/3 以上的居民小组提议，应当召集居民会议。涉及全体居民利益的重要问题，居民委员会必须提请居民会议讨论决定。居民会议有权撤换和补选居民委员会成员。(4) 居民委员会根据需要设人民调解、治安保卫、公共卫生等委员会。居民委员会成员可以兼任下属委员会的成员。居民较少的居民委员会可以不设下属的委员会，由居民委员会的成员分工负责有关工作。(5) 居民委员会决定问题，采取少数服从多数的原则。居民委员会进行工作，应当采取民主的方法，不得强迫命令。居民委员会成员应当遵守宪法、法律、法规和国家的方针、政策，办事公道，热心为居民服务。

作为城市基层群众性自治组织的居民委员会，在促进中国城市基层社会主义民主和文明建设的发展等方面做了大量工作，起到了重要作用。

一是采取多种形式，组织居民进行自我教育。居民居住区是不同年龄、不同职业、不同文化程度的人们共同生活的地方，居民委员会对于创造具有良好的生活和学习环境，形成遵守宪法、法律、法规和国家政策，认真履行依法应尽的义务，爱护公共财产的社会风气，起着重要的作用。中国城市居民委员会历来重视这方面工作，并取得了许多成绩，也赢得了国际社会的称赞。它通过制定居民公约，评选“五好家庭”“五好门栋”（“五好”即学习工作好、教育后代好、团结互助好、勤俭持家好、安全卫生好）和“模范夫妻”“模范婆媳”等，在居民中进行“五讲四美三热爱”（“五讲”即讲文明、讲礼貌、讲卫生、讲秩序、讲道德；“四美”即心灵美、语言美、行为美、环境美；“三热爱”即热爱祖国、热爱社会主义、热爱中国共产党）的宣传教育。它有针对性地开设讲座、举办黑板报或宣传栏，在居民中进行保护妇女儿童合法权益、计划生育、预防犯罪等文明和法制教育。它兴建文化活动室，组织退休职工和青少年参加读书看报、打球下棋等多种文化体育活动，努力引导居民建立适应现代化生产力发展和进步要求的文明的、健康的、科学的生活方式。

二是办理本地的公共事务和公益事业，组织居民开展自我服务。居民委员会的辖区是居民聚居的一定空间，在这个空间里，衣食住行是否方便，环境是否清洁优美，直接关系到市容和人们的身体健康。中国城市居民委员会一贯重视街道里弄的环境卫生，把开展群众性的爱国卫生运动作为一项经常性的工作，普遍建立了一套行之有效的卫生值日、检查和评比制度，为美化城市环境作出了贡献。同时，它还调动居民中可以调动的人力、物力和财力，修建公共厕所，装修自来水管道，铺修小街和小巷的路面，修缮住房，兴办饮食店、小商店、修理店、理发店、缝纫店、洗衣店等便民利民的社区服务事业。居民委员会这样做，一方面协助政府补充了市政建设的暂时不足，解决了居民日常生活中出现的部分困难，创造了方便生活的条件；另一方面也为退休职工发挥余热和中青年就业扩大了渠道。中国城市居民的自我服务工作，不仅在办理本社区的公共事务和公益事业方面展开，还体现于热忱关心本社区的孤老病残、烈属军属和妇女儿童。居民委员会成员协助政府民政部门，经常上门看望孤老病残和烈属军属，嘘寒问暖，组织专人上门服务，买米买菜，拾掇家务。居民委员会还协助政府有关部门做好计划生育工作、妇幼保健工作和社会救济工作等。

三是调解民间纠纷，协助维护社会治安，组织居民进行自我管理。城市居民区是一个小型社会，在这个小型社会里，治安状况如何，邻里之间和家庭成员之间的关系如何，是否有一个良好的社会生活秩序，对居民能否身心愉快、精力充沛地投入工作很有关系。在这方面，居民委员会做了很多的工作，最主要的就是积极调解民间纠纷，协助政府有关部门维护社会治安。在城市居民的日常生活中，由于人们思想觉悟程度不同，道德修养水平不一，以及其他种种原因，不可避免地在家庭成员之间和邻里之间会发生一些矛盾；在家庭生活方面，如在恋爱、婚姻、家务、赡养、扶养等问题的处理上，在财产权益方面，如在继承、债务、赔偿、房屋等问题的处理上，产生一些纠纷。这些产生于家庭成员之间、邻里之间的民间纠纷，看起来细小、琐碎，但如不及时调解或处理不当，不仅会使当事人关系紧张，相互对立，影响生产和生活，而且有可能使矛盾激化，违反治安管理法或触犯刑律。为了减少矛盾激化的可能，居民委员会下设的人民调解委员会，在深入调查研究、倾听双方当事人意见并取得他们同意的基础之上，遵照宪法、法律和有关政策，采取说理疏导的方式，对各种民间纠纷进行及时、合理的调解。居民委员会主持的人民调解工作，实际上是一种居民有组织地解决民间内部纠纷的自我管理活动。这种活动遵循自愿原则，当事人自觉履行，不具有法律上的强制性；同时，调解也不是起诉的必经程序，当事人不愿调解或调解未成时，可以向人民法院起诉，人民调解委员会不得加以阻止。在实践当中，通过人民调解委员会深入细致、公平合理的调解工作，及时消除了许多纠纷，因而使当事人消除了精神负担，避免了不必要的诉讼。人民群众称赞人民调解委员会的好处是，“不花钱，不误工，又不伤感情”。

四是进行自我监督。为了在城市居民区建立起良好的社会生活秩序，仅仅依靠人民调解委员会的调解工作还是不够的。事实上，在中国城市时而发生的侵占、打架、伤害等违反社会治安的行为，已经超出了调解的范围。及时劝阻和制止这类行为，是居民委员会下设的治安保卫委员会的一项重要工作。为了协助公安机关维护城市社会治安，治安保卫委员会在这方面做了许多公安机关不易做到的工作。它发动居民，采取具体措施，在居民区防盗、防火和防治灾害事故；它报告犯罪活动，协助公安机关保护作案现场和侦破案件，以及对依照法律被剥夺政治权利的居住在本地区的人进行监督和教育；它会同派出所、单位、学校和家长，对失足青少年开展“帮教”活动；它组织居民参加联防值勤，维持居民区内的交通秩序和检查门栋的安全等。治安保卫委员会为维护城市正常的生产、工作、生活和社会秩序，作出了重要贡献。

五是向人民政府或其派出机关反映居民的意见、要求和建议。宪法规定，一切国家机关和工作人员都必须倾听人民的意见和建议，接受人民的监督。城市人民政府工作开展得好坏，居民在日常生活中都可以觉察到，居民委员会能够经常了解到居民的意见和要求以及对政府的批评和建议。居民委员会将这些意见、要求、批评和建议反映给人民政府，有利于帮助人民政府改进工作，密切和居民的联系。

第三节 农村村民自治组织和管理制度

村民自治组织和管理制度是农村政治体制改革的重要产物，是农民的一项重大创举。村民自治组织及其管理制度为在农村推行民主政治建设开了先河。

一、村民委员会的性质和任务

村民委员会是村民自我教育、自我管理、自我服务的自治组织，它是自治体制中极为重要的组成部分。

《村民委员会组织法》第二条规定："村民委员会是村民自我管理、自我教育、自我服务的基层群众性自治组织。"这一规定表明：(1) 村民委员会不同于政权组织。它既不是国家的一级政权，也不是基层政权的派出机构，而是中国农村村民组成的群众性自治组织。它的自治权力直接来源于本村的村民会议，它的决议、决定虽然也具有一定的约束力，但不像国家的法律、法规那样具有强制性，而主要是通过群众自觉的认同和接受来实现。(2) 村民委员会不同于经济组织。它既不同于过去的合作社和人民公社组织，也有别于目前一些地方存在的村级合作经济组织。村民委员会与村级合作经济组织的关系是领导与被领导的关系，它虽然具有管理本村经济的职能，但本身不是经济组织。(3) 村民委员会也不同于工会、共青团、妇联等群众团体。它是按居住本村范围内的全体村民组成的，而工、青、妇等组织则是按职业、性别或年龄组成的；它管理本村范围内的各项事务，而工、青、妇等组织的职能则比较单一；它是依照宪法及有关法律的规定实行村民自治的群众性组织，而不像工、青、妇等组织那样，上下自成体系并有其垂直的工作系统。(4) 村民委员会根据村民居住状况、人口多少，按照便于群众自治的原则而设立。根据中国绝大多数农村的现实状况，村民委员会一般设在自然村；几个自然村可以联合设立村民委员会；大的自然村可以设立几个村民委员会。其好处有三：一是有利于村民开展自治活动；二是有利于村民开展直接民主；三是有利于减轻农民负担。

村民委员会作为农村村民自我管理、自我教育、自我服务的基层群众性自治组织，主要管理本村属于村农民集体所有的土地和其他财产，教育村民合理利用自然资源，保护和改善生态环境。它还应当宣传宪法、法律、法规和国家的政策，教育和推动村民合理依法履行应尽的义务，爱护公共财产，维护村民合法的权利和利益，促进村和村之间的团结、互助。

根据《村民委员会组织法》的规定，村民委员会的主要任务是：（1）办理本村的公共事务和公益事业；（2）调解民间纠纷；（3）协助维护社会治安；（4）向人民政府反映村民的意见、要求和提出建议。村民委员会应当支持和组织村民发展生产、供销、信用、消费等各种形式的合作经济，承担本村生产的服务和协调工作，促进农村生产建设和社会主义市场经济的发展。村民委员会还应当尊重集体经济组织依法独立进行经济活动的自主权，维护集体经济组织和村民、承包经营户、联户或者合伙的合法的财产权和其他合法的权利和利益。

二、村民委员会的组织与作用

根据《村民委员会组织法》的规定，村民委员会的组织机构和组织情况是：（1）村民委员会、村民委员会下属各委员会、村民小组和村民会议。（2）村民委员会由主任、副主任和委员 3～7 人组成。村民委员会成员中妇女应当有适当的名额，多民族居住的村应当有人数较少的民族的成员。（3）村民委员会成员不脱离生产，根据情况，可以给予适当补贴。（4）村民委员会主任、副主任和委员，由村民直接选举产生。村民委员会每届任期三年，其成员可以连选连任。村民委员会向村民会议负责并报告工作。村民委员会可以分设若干小组，小组长由村民小组会议推选。（5）村民委员会可以由本村 18 周岁以上的村民组成。村民会议可以由 18 周岁以上的村民参加，也可以由每户派代表参加。必要的时候，可以邀请本村的企业、事业单位和群众团体派代表参加会议。村民会议由村民委员会召集和主持。有 1/5 以上的村民提议，应当召集村民会议。涉及全村村民利益的问题，村民委员会必须提请村民会议讨论决定。村民会议有权撤换和补选村民委员会的成员。(6) 村民会议的决定，由 18 周岁的村民过半数通过，或者由户的代表过半数通过。村规民约由村民会议讨论决定，报乡(民族乡)、镇的人民政府备案，由村民委员会监督、执行。(7) 村民委员会根据需要设人民调解、治安保卫、公共卫生等委员会。村民委员会成员可以兼任下属委员会的成员。人口少的村的村民委员会可以不设下属委员会，由村民委员会成员分工负责人民调解、治安保卫、公共卫生等工作。(8) 村民委员会决定问题的时候，采取少数服从多数的原则。村民委员会开展工作，应当坚持群众路线，充分发扬民主，认真听取不同意见，不得强迫命令，不得打击报复。村民委员会的成员应当遵守宪法、法律、法规和国家的政策，办事公道，热心为村民服务。村民委员会在职责范围内，在协助基层政权机关管理农村基层社会生活方面做了大量的工作，充分显示了蓬勃的生命力和在农村基层社会管理中的重要作用。

村民委员会在自己的职责范围内，在协助政权机关管理农村基层社会生活方面做了大量的工作，充分显示了自己的生命力和在我国农村基层社会管理中的作用。

一是组织制定和负责执行村规民约。中国农村每个村庄的住户和人口尽管多少不一，但它是一个社区。作为一个社区，为了管理公共事务和兴办公益事业，组织正常的社会生活，正确处理村内外的各种关系，就必须有一个反映村民意志、代表村民利益并为村民所共同遵守的社会规范和行为准则。组织全体村民讨论制定村规民约，并代表全体村民负责村规民约的执行，是村民委员会的一大任务。各地制定的村规民约，虽然形式不同，但在内容上都是依据国家法律、政策，对村民在本村的公共事务、公益事业和公共道德方面的权利和义务，对正确处理国家、集体和个人利益以及调节村民相互关系的准则等，作出切实可行的具体规定。村规民约经村民会议讨论通过后，由村民委员会负责执行。村民委员会对遵守或破坏村规民约的行为分别给予奖励和惩罚。村规民约在中国农村的普遍制定和实施，对于国家法律政策在农村的贯彻落实，对于村民委员会有效地开展各项工作，对于在农村形成社会主义道德风尚以及建立社会主义民主制度和民主生活，都起到了重要作用。

二是组织办理本村的公共事务和公益事业。中国农村实行承包责任制以后，在解决村民某些生产和生活中的共同性问题，办理事关村民切身利益的公共事务和公益事业方面，出现了许多新的情况，向农村基层政权建设提出了新的要求。诸如修建校舍、铺设道路、兴建小型水利灌溉设施、连接输电线路、兴建和维修生活用水设施、建立业余文化娱乐体育团体和开展业余文娱体育活动、创造村民学习科学文化和休息娱乐的条件、照顾孤老病残和烈属军属等，目前都不是政府所能全部包揽的，而村民委员会作为一个群众性自治组织，可以在村民的同意和支持下，组织村民中一定的人力和财力，按照尽量节约、共同受益、适当照顾的原则，及时地办理这些公共事务和公益事业。村民委员会在组织村民办理公共事务和公益事业的过程中，必须注意教育村民坚持集体主义，克服个人主义，发扬中国人民团结互助、扶危济困的传统美德，努力建立和发展体现社会主义精神文明的新型社会关系。

三是调解民间纠纷，协助乡人民政府维护社会治安。在中国农村的日常生活中，仍然存在着人民内部矛盾。作为这种矛盾表现形式的民间纠纷经常发生，社会治安状况容易遭到破坏。尤其是农村民间纠纷的发生率比城市要高，这是由于农村村民相比城市居民文化程度较低、受宗法观念等封建遗毒影响较大、在经济利益上发生矛盾的场合较多等主客观原因造成的。处理民间纠纷，维护社会治安，巩固安定团结的局面，是农村各级政府的职责，而村民委员会在这方面起着特殊而重要的作用。村民委员会下设的调解委员会，是由群众选举出来担任民间纠纷的调解工作的。调解委员会成员一般在村民中享有一定的威信，又由于长期生活在村民中间，熟悉情况，能够便捷、详尽地了解到在村民家庭内部、村民之间发生纠纷的原因和问题的症结，及时地对纠纷的双方进行开导和劝阻，防患于未然。许多农村在生产用水、果木园林、宅基坟地、婚丧嫁娶、姑嫂婆媳等问题上发生的纠纷，都是由调解委员公平合理调解解决的。

为了巩固和发展农村安定团结的局面，一个更为重要的方面就是要保证有一个良好的社会治安状况。协助政府机关维护村庄的社会治安，这是村民委员会下设的治安保卫委员会的任务。治安保卫委员会在上级公安机关的领导下，根据本地的实际情况，大力宣传国家法律、政策，抓防盗、防火、防治安事故，抓综合治理，抓失足青年的教育等等。近几年来，有些地方在打击赌博和封建迷信活动、制止打架斗殴、保证行路安全、维护公共娱乐场所的秩序、促进社会治安和社会风气的根本好转方面做了大量的工作，取得了许多成效。一些以前“大错不犯，小错不断，法院难管，公安难办”的人，在治安保卫委员会这一群众自治组织的教育帮助下，浪子回头，改邪归正。

四是协助人民政府搞好本村的行政工作和生产建设。乡政府和村民委员会之间虽然不存在行政上的领导与被领导的关系，乡政府不能向村民委员会直接下达行政命令，但是，这并不等于行政工作只是乡政府的事，村民委员会可以不闻不问。实际上，一乡之大，行政工作千头万绪，乡政府如果不依靠村民委员会，不得到后者的协助就很难把各项工作做好。在行政工作和生产建设中，除了前述治安保卫工作外，还有计划生育、文化教育、优抚救济、粮食生产及其他工作，也都需要得到村民委员会的协助才能完成。

第四节　基层群众自治制度的功能

在中国，尽管城乡基层群众自治制度建立的时间不同、城乡的社会结构不同，并且发展也极为不平衡，但从制度变迁的初始路径看，中国的城市社区居民自治与农村社区村民自治仍然存在许多共同点。比如，两者都是由于经济体制改革所引起的国家与社会的分离，并开始出现一个自由、自主的社会空间而发生的；都是为了解决国家与社会分离过程中出现的紧迫性公共问题而对公共治理体制的变革。治理体制变革的重要特点是向基层社会和公民让渡和下放部分治权，以实现对社会资源的有效整合；通过社会成员自身的管理，以达到社会的自我管理、自我教育和自我服务，并由此启动社会民主化进程。从这个意义讲，中国城乡基层群众自治制度具有推动政治发展和促进政治稳定的双重功能。

一、创造了国家与社会分权治理的有效途径

国家是建构在社会之上的最系统、最完备、最强有力的组织。在国家产生之初，由于社会功能的不完善、社会组织的不发育和社会力量的分散，社会的大部分功能被纳入国家的名义之下。在社会与国家的关系上，国家占着上风，处于支配地位，社会处于受支配地位。

进入近现代后，尤其是进入信息社会时代，国家与社会的关系发生了重大改变。社会的自治程度、自治能力显著增强，并与民主密切相联。由于受特定的历史、社会、文化条件的限制，不同国家的民主化道路、实行自治的程度和范围都有所不同。比如，西方国家的民主化走的是“市民社会—民主国家”的道路，即在市场经济和市民社会发育中内生出民主自治形式，随着市民社会力量的壮大，人们按照内生的民主规则建立国家。一些发展中国家的民主化则是走自上而下的“还权于民众”“还权于社会”的道路，执政党和政府主导着民主化进程。但是，无论是自下而上的道路，还是自上而下的道路，一个基本事实便是国家与社会进行适当的分权治理，这既是民主化的前提，又是民主实现的标志。只有国家与社会进行适当的分权，才能充分调动各方面的积极性，促进社会民主政治发展。

自治意味着分权，意味着有更多的组织或人员参与国家和社会的治理活动，而社区居民自治更是广大人民群众直接参与与其利益密切相关的基层公共事务管理的一种重要方式，是广大人民群众作为社会的主人，直接享受民主权利的具体体现。虽然从理论上讲，1949 年

后的中国，在基本的制度设计方面，为社会与国家关系的平衡奠定了基础，社会和公民享有前所未有的自由和权利，但是，高度集中的计划经济体制以及由此衍生出来的过度集权的政治体制，使本来发育不良的社会肌体难以生长。各种社会组织和单位，都是按照国家统一的安排和计划设立的，都承担着国家分配的某些任务，并从国家获得相应的资源。任何社会组织和单位，离开了国家的计划就很难存在和发展。因此，各种社会组织和单位对国家都具有很强的依附性，实质上都是国家的一部分，毫无独立性。在现实生活中，法理上的自由和权利被大打折扣，出现社会严重依附于国家的状况。这种状况直到1978 年实行改革开放以后，才得到了较大的改变。

改革开放以来，城乡基层自治组织在法律的框架内逐渐享有了自主管理社会的自治权，城乡居民可以通过社区自治组织直接参与基层公共事务的管理。这样，公民不仅通过代表间接行使对国家的管理，而且通过自治组织直接行使对本社区公共事务的管理。国家的治理由以往的单一性治理转变为国家和社会的双重性治理。从这个意义上讲，城乡基层自治在改变中国传统的一元性治理结构，为在基层社会层面建构国家与社会分权体系创设了基本的制度范式。

二、促进了基层自治社会的成长

基层群众自治制度在推动民主和社会发展中发挥着重要作用，直接促进了基层自治社会的成长。一个活跃的、参与式的基层自治将使国家更加负责任地行动并对公民的需要更快地作出反应。因此，基层自治的成长壮大已经成为民主化的一个重要动力。中国民间社会的空间自古以来就极其狭小，更无作为民主国家基础的“市民社会”可言。在走向民主化的过程中，必须构建一个以民主和法治为基本理念的基层自治社会。

在中国，以市场为导向的经济体制改革推动了以民主为导向的政治体制改革。但是，在以建立社会主义市场经济为目标的经济体制改革进程中，出现的人身自由、自主产权、利益分化等因素，只是构成发展民主的基本条件，并不能保证这些因素自然而然地生成民主所需的一切。实践早已证明，要将一个自由的人变为一个具有坚定的民主和法治理念的人，不外乎两种基本方式：一是进行民主教育；二是进行民主实践。虽然民主教育可以培育公民的民主意识，为民主奠定思想基础，但只有民主实践才能将公民的民主意识转化为民主行动，并使民主成为人们的一种生活方式。毕竟民主化水平是体现于政治主体的行为之中，而不是隐藏于政治主体内心深处的观念形态。

然而，民主实践的有效性要从可以做到的事情做起，从与人们切身利益密切相关的事情做起。尤其在我国公民的民主素质有待提高、社会主义民主的基础需进一步夯实的情况下，更是如此。由于基层社会与人们的利益相关性更直接、更强烈，中国城乡基层自治制度第一次大规模地将民主与法治输入到基层社会，成为城乡居民最广泛的民主与法治实践活动，成为城乡居民学习民主、运用民主的大学校。因此，发展民主不能把视线仅仅盯在国家权力层面，而忽视了公民在有关自己日常生活方面或范围较小的公共事务方面实行自治的价值。通过基层自治活动，可以促使公民在民主选举、民主决策、民主管理、民主监督的实践中培育公共意识、参与意识、自由意识、合作精神和契约观念，提升公民的参政水平，使公民知道如何运用民主方式，可以争取和维护自己的权益。城乡基层自治的发展将有力地促进基层自治社会的形成，从而为中国的民主化进程奠定牢固的基础。

三、推进了政府治理的创新

与中国的经济体制改革一样，中国的政治体制改革也是先从基层社会开始的。社会的变化，尤其是以市场化为导向的经济体制改革，一方面改变了原有基层治理体制存在的基础，另一方面也要求进一步推进整个社会治理体制的适应性，进行创新改革。中国城乡基层群众自治制度建设就是在此背景下开始，并在中国共产党和中央政府的推动下进行的。与此同时，城乡基层群众自治制度的发展又反过来推动着中国共产党和中央政府以及地方政府治理方式的变革和创新。

基层群众自治不仅促使政府职能转变，而且为政府职能的转移提供了载体；不仅可以将社区公共权力直接置于社会成员的监督之下，而且可以促进政府改进治理方式，重构政府治理的权威基础。比如，在村民自治的推动下，农村乡镇一级有的开始试行乡镇长直接选举，县乡基层政权实行政务公开。在城市社区自治的推动下，城区政府转变职能，重心下移，公共服务意识得到强化；通过“民评官”和发挥社区中人大代表的作用，将政府置于社区居民的监督之下。此外，基层群众自治组织能够为居民提供协调利益矛盾和冲突的平台。在基层社会，各种关系主要表现为居民个人之间、居民与自治组织之间、自治组织之间形成的错综复杂的利益关系；各种矛盾和冲突则主要存在于居民个人之间、居民与自治组织之间以及自治组织之间。矛盾和冲突的解决主要有三种途径：一是个人途径，即依靠公民自身的努力予以排除；二是国家途径，即依赖于凌驾于社会之上的国家（政府）解决；三是社会途径，即依靠非政府组织（如自治组织）进行调解。社区是一定区域内居民利益的共同体，而基层群众自治组织则是这种共同体的代表，它们作为居民的“当家人”，可以凭借自身的权威性、代表性以及所掌握的资源，使一般性的矛盾和冲突得以及时控制和化解，从而担负起解决那些个体无法解决而又无须政府介入的公共问题，进而使各级政府有更多的时间和精力，集中解决那些矛盾更尖锐、涉及面更广泛、对经济社会发展影响更深远的公共问题。

第五节 基层群众自治制度的改革完善

加强基层群众自治制度建设，推进基层群众自治的改革、发展和完善，是我国经济发展和社会进步的必然要求，是中国特色社会主义民主政治建设的题中应有之义。此项工作既要着眼长远，又要立足现实，有计划、有步骤地推进。

一、理顺基层群众自治组织和党政组织关系

首先，要正确处理好居民委员会、村民委员会同中国共产党党组织的关系。从居民委员会、村民委员会与基层党支部的关系来看，居民委员会、村民委员会要积极主动地接受所在党支部的思想政治领导，经常听取党支部的意见，在决定重大问题之前，应向党支部征求意见，以提高政策水平，取得支持和帮助。基层党支部应当坚持自己的政治核心地位，向居民委员会、村民委员会宣传党的路线、方针、政策，定期讨论他们工作中的重大事项，支持和帮助他们按照法律独立负责地开展活动，充分发挥他们的自治作用。

为此，必须防止党组织包办或指使基层群众自治组织工作的情况。社区自治组织产生于社会、服务于社会，是属于社会的、基层群众的自治组织，而不是党的下级组织。在社区内，社区的最高权力机构是由居民或村民及他们的代表产生的居民或村民会议，居民委员会或村民委员会是居民或村民会议的执行机构。社区自治组织的职责主要是办理本居住地区的公共事务和公益事业，调解民间纠纷，协助维护社会治安，并且向人民政府反映群众的意见、要求和提出建议。社区自治组织既有政治属性，即是一个维护居民利益、民主管理居民公共事务和组织本社区公益事业、具有政治民主属性的居民组织，又是一个具有社会属性的居民组织，它必须以维护和增进居民的社会福利、社会保障、社区治安、优抚救济等方面的社会权益和能力为己任。中国共产党作为执政党的各级组织应充分尊重基层群众自治组织的地位和作用。

其次，要正确处理好居民委员会、村民委员会同政权组织的关系。根据《城市居民委员会组织法》的规定，城市居民委员会为群众自治组织，市基层人民政府同居民委员会不是领导关系，而是指导关系。所谓指导，就是对居民委员会的工作进行指点，对其工作提出原则性的意见，把握好大的方向问题，而不是对日常事务进行干预。这种指导作用，主要是通过宣传、教育、督促、检查的方式和途径实现

的。对于城市居民委员会来说，在开展自治活动时要注意防止片面强调自治而忽视基层政府或其派出机关对其指导的倾向。我们所说的自治，是指在基层政府或其派出机关指导下的，以居民群众为主体的自治，是建立在坚持四项基本原则和遵守宪法、法律、法规和国家政策基础上的自治。离开了上述指导原则，居民委员会的工作和群众自治就会偏离正确的方向。对于城市基层人民政府来说，应当把居民委员会的工作摆在应有的位置，加强政策指导和协调。特别是街道办事处，对居民委员会负有直接指导的职责，更应把居民委员会的工作作为重点来抓，切实解决居民委员会工作中的困难，保障居民委员会的工作顺利开展。同时，要尊重居民委员会的自治地位，支持居民委员会独立地开展工作。

从原则上讲，乡镇人民政府同村民委员会的关系，也是指导和被指导的关系。《村民委员会组织法》第五条规定："乡、民族乡、镇的人民政府对村民委员会的工作给予指导、支持和帮助。村民委员会协助乡、民族乡、镇的人民政府开展工作。"就村民委员会来说，一方面要积极主动地争得乡镇人民政府的指导、支持和帮助；另一方面又要积极主动地协助乡镇人民政府开展工作，完成各项任务。应当明确，村民自治绝不意味着村民委员会对乡镇人民政府所贯彻的方针、政策可执行可不执行，对乡镇人民政府依照法律、法规及有关政策所布置的任务可完成可不完成。对上述方针、政策和有关工作任务，村民委员会是必须遵守和执行的。就乡镇人民政府来说，对村民委员会的工作要给予指导、支持和帮助。具体来讲，对村民委员会依法开展的各项工作，诸如举办公共和公益事业、维护社会治安、调解民间纠纷、建立和完善生产与生活的社会化服务，以及在宣传宪法、法律、法规和国家方针政策、执行村规民约等方面，乡镇人民政府都要尽可能地给予指导、支持和帮助。当前，有些乡镇人民政府向村民委员会交办应由乡镇人民政府有关工作部门直接完成的任务，不适当地要求村民委员会向村民征工募款，造成村民经济负担过重，会无形中把村民委员会变成实际上的基层政权的派出机构，从而动摇它作为基层群众性自治组织的地位。这种状况亟待改变。

最后，社区自治组织有责任、有权利监督和评估政府及其派出机关在社区建设、社区发展和社区管理上的工作状况。政府工作绩效如何，只能是以它所服务的对象即居民的意见作为检验标准。也就说，政府工作态度、作风、方式、成效的好坏应由居民来监督和评价。加强社区自治组织对政府及其派出机关工作状况的监督与评估，既是社区居民自治的必然要求，也是政府密切同居民群众的联系、提高社区建设和社区管理水平的必要环节和重要渠道之一。只有实行“下考上”“民考官”，对政府职能部门及其工作人员进行评议、考核和监督，才能有效地落实居民的民主权利，促进政府职能部门工作作风的改进和工作效率的提高。

二、完善社区参与机制和强化自主意识

社区参与是指社区的居民或村民自愿参加社区公共事务的管理、决策、监督和运作的过程。社区居民或村民是社区参与的当然主体。伴随着社区自治的推进，基层群众的参与程度不断提高。但是，总的来说，我国社区居民或村民的社区参与还不适应社区自治的客观需要：首先，就参与意识而言，相当多的居民或村民的社区参与意识还比较淡薄。他们虽然生活在社区，但却没有意识到自己是社区自治的主体，没有意识到自己也应该对本社区建设尽一份责任和义务，甚至错误地认为，社区治理完全是政府行为。其次，就居民或村民参与的内容而言，主要局限于出席居民或村民会议、文体健身等一般性的社区活动，参与还很不深入、很不广泛。要改变这种状况，需要采取下述几方面措施。

一是坚持社区需求本位原则，注重用共同需求、共同利益来调动居民或村民参与的积极性。所谓坚持社区需求本位原则，就是从本社区的客观实际出发，把解决各类社区成员尤其是大多数居民群众的实际需要放在首位，把解决群众普遍关心的热点、难点问题作为社区自治工作的重点。当社区自治组织开展的工作与居民或村民的切身利益

息息相关时，居民或村民的生活重心自然就会转向社区。因此，应当强化居民或村民与社区之间的利益关系，使居民或村民在利益关系的基础上产生参与社区事务的愿望。如果社区自治组织能够满足绝大多数群众的共同愿望和共同利益需求，那么就能调动群众广泛参与社区事务的积极性和持续性。

二是坚持先进性与广泛性相结合的原则，力求使每个参与者都能找到自己的位置。社区自治活动，尤其是其中的志愿服务活动，无疑具有突出的先进性，但要使这种先进行为发展成居民群众自觉参与的行动，就必须从社区群众的实际承受能力出发，做到尽力而为与量力而行相结合，无偿服务与低偿服务、有偿服务相结合。既提倡无私奉献精神，又肯定和支持兼顾个人合理利益的参与行为，不使参与社区自治活动成为居民或村民的沉重负担。同时提倡从身边小事做起，力所能及，积少成多，并且注意发挥每个居民或村民的特长，使他们在参与中获得乐趣，实现自身的价值。

三是切实开展“民评官”活动。“民评官”活动是在基层社会培育民主、调动社区群众参与积极性的一种积极而稳妥的形式。它一方面有利于在基层社会渐进地培养民主习惯；另一方面又能充分调动社区群众的政治参与意识和积极性，打造政治民主化的基础。“民评官”活动的制度化开展将民主引入社区群众的日常社会生活中，使民主由一种远离社区群众的陌生理念转变为基层社会普遍遵守的运行规则，可以为训练基层群众的民主素质和能力、奠定民主制度的社会基础提供制度化、经常化的实践。这样，当社区群众掌握了运用民主程序和自治组织载体表达意愿、反映诉求并能实现自己的利益需求时，民主就将成为人们的一种习惯、一种生活方式。

四是建立和完善参与机制。从长远来看，要使居民或村民参与不断发展，就必须将其推向规范化、制度化阶段。这就意味着除了上述几方面工作以外，还要依据有关法规、政策，通过民主程序和法定程序制定相应的规章制度，形成一整套参与机制，其中包括激励机制和责任机制等。比如，可以在一些城市和城区试行“群众参与社区活动制度”，规定有参与能力的居民或村民每年应为社区义务贡献若干时间，并制定相应的考核、奖惩及替代办法，以推动群众参与向制度化发展。只有社区参与制度化，才能使社区自治日益符合市场经济体制和发展民主政治的需要。

三、推动“四个民主”制度化

“四个民主”，即民主选举、民主决策、民主管理和民主监督，这既是保障基层群众自治权利的规则和程序，也是保障社区自治切实有效的运行机制。推进“四个民主”制度化应注意以下三个方面。

一是建立一套行之有效的运行机制。这一机制至少应该包括三个要素：正式制度、非正式制度和激励机制。正式制度，包括“四个民主”的运行程序、制度规范等内容，具体体现为法律和法规。法律是社区治理现代化的根本保障，社区建设运行秩序的调整和稳定都必须以法律为依据和后盾。针对我国社区建设的法制还不完善的现实，当前应抓紧制定在社区民主自治等方面的关键性法规，努力形成高效配套、完整严密的社区建设法规体系。用法律保障和规范社区居民自治活动，实现有序的政治参与，使“四个民主”在实际操作中做到有法可依、执法必严、违法必究。非正式制度，包括公民民主意识的培育，政治文化氛围的培育，公开、公正、公平竞争的政治游戏规则的形成等。激励机制，包括奖励和惩罚两个方面。既要对严格执行制度的当事主体进行奖励，也要惩罚违规行为，只有这样才能为制度的长久实施提供保障。

二是扩大直接选举的范围。从民主化水平而言，直接选举比间接选举的民主化水平更高。随着经济的发展、公民文化水平的提高以及现代传播技术的普及，扩大直接选举的条件日趋成熟，可以将直接选举的范围由社区自治组织扩大到乡镇、街道和区县一级。这样能够更好地保证基层政府依法行政，更加谨慎地处理好基层政府与社区自治组织的关系。

三是加强监督，让基层群众在“四个民主”的周期化参与中形成一套政治习惯。为了保证“四个民主”在社区自治中成为群众经常性的活动，必须创造良好的政治生态环境，防止一些人用“四个民主”做表面文章，各级地方人大要不断深入调查了解整个社区自治活动的开展情况，对工作中的问题，要及时督促相关单位和部门采取措施予以解决。通过地方人大监督功能的发挥，使诸如选举、评议、居民或村民代表大会等各种政治参与形式周期性开展，以吸引广大群众参与，并在参与中训练居民或村民的参与意识，通过居民或村民来保障制度化参与的效果。

第七章

中国共产党是执政党

7

中国共产党是执政党

在当代中国，宪法规定中国共产党是中国特色社会主义事业的领导核心，是领导国家的执政党。中国共产党以马克思列宁主义、毛泽东思想、邓小平理论、“三个代表”重要思想、科学发展观和习近平新时代中国特色社会主义思想为指导思想，是中国工人阶级以及中国人民和中华民族的先锋队组织，是当代中国最强大的政治力量。党从成立的那一天起，就把为中国各族人民和全人类解放而奋斗作为自己的光荣使命。党在 97 年的历史进程中，经历了革命、建设和改革发展的不同时期，取得了创建国家、治理国家、执政为民、服务社会的光辉业绩。中国共产党的领导，是中国特色社会主义最本质的特征，是中国特色社会主义的最大优势。始终坚持中国共产党的执政，充分发挥它的独特的政治优势，是不断推进中国特色社会主义事业发展的根本保证。

第一节 中国共产党从革命转向执政

中国共产党于 1921 年在上海成立（见图 7－1），经历了从革命到执政的长期发展。党的领导能力和经验，是在革命和执政的实践中，不断得以探索、总结和积累的。

一、党的领导始于革命时期

法国研究政党的政治学家迪韦尔热，曾以议会为界线，把政党分为“内生党”和“外生党”两种类型。这包含着政党在民主的条件下和专制的条件下产生的不同途径。与西方国家在民主条件下通过议会产生的政党不同，中国共产党是在极端残酷的白色恐怖下成立的革命党。党的领导工作，是从对革命的领导开始的。这样的领导，可以说囊括了革命中的一切战线和所有领域，主要包括了对军队、军事斗争和政治、思想、组织建设的领导。

在中国共产党的所有领导事项中，对军队和军事斗争的领导是摆在第一位的，是最为紧迫的问题。因为在中国，如果没有军队和军事斗争的胜利，就没有共产党的生存。党在初创时期，由于没有独立掌握武装力量，曾使革命遭受巨大损失。党从血的教训中认识到，枪杆子里面出政权，必须以武装的革命反对武装的反革命。南昌起义，标志着我们党走上了独立领导革命战争、创建人民军队、武装夺取政权的道路；三湾改编，从组织上解决了党直接掌握和领导士兵群众的重大问题；古田会议，确立了党领导军队的一系列根本原则和制度。此后，在中国革命战争中，党对军队的绝对领导不断得到坚持、巩固和发展。中国共产党也成为最懂得军事，最能够领导和指挥打胜仗的革命党。

图 7－1　中国共产党一大会址（上海）

中国共产党对政治的领导显得尤为重要。政治领导，主要是政治路线、方针、政策的领导。中国共产党必须针对革命的整个时期以及发展的不同时期，根据革命的性质、对象、动力、任务和目标等，制定并贯彻党的路线、方针和政策，保证革命始终沿着正确的方向前进。例如，中国共产党在中国整个新民主主义革命时期，形成了"无产阶级领导的，人民大众的，反对帝国主义、封建主义和官僚资本主义的革命"总路线、总政策。在第一次国内革命战争时期，明确提出了反帝反封建和实行国共合作的纲领；在第二次国内革命战争时期，制定了开展土地革命和武装反抗国民党反动派的总方针；在抗日战争时期，制定了发动、团结和组织全中国、全民族一切革命力量去反对日本帝国主义和汉奸卖国贼的总策略；在第三次国内革命战争时期，提出了放手发动群众，壮大人民力量，解放全国人民，建立一个独立、自由、民主、统一、富强的新中国的总方略。正是在党的正确的政治路线、方针、政策的领导下，中国的革命从胜利走向了胜利。

中国共产党的思想领导，即通过强有力的思想政治工作，向党员和群众进行马列主义和党的路线、方针、政策的宣传教育，提高全党和全国人民的思想觉悟和认识水平。中国共产党的组织领导，主要是坚持党对干部工作的领导，党通过制定任人唯贤、德才兼备的干部路线和方针，建设一支忠于党、忠于人民、忠于革命、有才华、有能力的干部队伍。中国共产党的领导，还涉及了对政权、经济建设以及统一战线的领导。如果没有这些方面的领导，中国革命是不可能成功的。

二、执政后更须继续实行领导

在中国，无产阶级和人民群众要打倒反动统治阶级、推翻黑暗的旧世界，必须实行由自己的政党——中国共产党的领导，这是马克思列宁主义的一条根本原理。但是，在革命胜利之后，还需要党和党的领导吗？对于这样一个重大问题，毛泽东作出了科学的回答，他说："消灭阶级，消灭国家权力，消灭党，全人类都要走这一条路的，问题只是时间和条件。"[①] 现在，这样的时候并没有到来，毛泽东指出，"在中国，在现阶段，是工人阶级，农民阶级，城市小资产阶级和民族资产阶级。这些阶级在工人阶级和共产党的领导之下，团结起来，组成自己的国家，选举自己的政府"[②]。中国还需要共产党的存在，还需要中国共产党的领导。所不同的是，中国共产党由革命党而变成执政党。中国共产党取得了无可争议的执政地位，必须继续发挥领导

---

① 毛泽东．毛泽东选集：第4卷．北京：人民出版社，1991：1468.

② 同①1475.

的功能作用。因此，在 1956 年新中国成立后第一次召开的党代会——党的八大上，邓小平郑重地宣布："中国共产党已经是执政的党，已经在全部国家工作中居于领导地位。"①

中国共产党成为执政党，继续发挥着领导的作用，还要解决一个根本的问题，从政党制度和执政的实际情况看，世界上有像英、美、法国家那样，采取两党或多党制实行轮流执政的方式；也有像当时日本那样，虽有多党竞争存在但事实上长期由一党执政的方式。社会主义国家究竟要选择何种政党制度呢？这个问题，首先由第一个社会主义国家苏联所解决。1917 年 11 月，俄国十月革命取得胜利。列宁认为，社会主义国家应由无产阶级政党作为执政党。列宁说："只有工人阶级的先进部分，只有工人阶级的先锋队，才能领导自己的国家。"② 社会主义国家，无论是实行一党制的国家，还是实行多党合作制的国家，都要实行由共产党一党领导的体制，而不能像资本主义国家那样由不同政党轮流执政。当时，列宁主张由苏联共产党领导其他政党执政，但遭到其他政党的拒绝和反抗，最终只能实行一党制，由苏联共产党独掌政权。

在中国，建立的是中国共产党领导的多党合作政党制度，即中国共产党领导的多党合作和政治协商制度。它是指在中国共产党领导下，以多党合作为基础，有各民主党派、各人民团体、各爱国人士、无党派人士和少数民族代表参加的，以中国人民政治协商会议为组织形式，就国家的大政方针，各族人民经济、政治、文化与社会生活中的重大问题进行民主、平等的讨论和协商的一种制度。这个政党制度，根本不同于西方资本主义国家的两党制或多党制，也有别于苏联社会主义国家实行的一党制。它是中国革命和建设长期实践的一个创造，是符合中国国情的新型的政党制度。

中国共产党领导的多党合作政党制度，保证了中国共产党作为执

---

① 邓小平. 邓小平文选：第 1 卷. 北京：人民出版社，1994：214.

② 列宁. 列宁全集：第 30 卷. 北京：人民出版社，1957：160.

政党的牢固地位和强有力的领导功能。在这样的前提下，各民主党派以一定数量的成员选入全国人民代表大会和地方各级人民代表大会，并依法定程序以一定数量成员出任全国和地方各级人民政府及司法机关的领导职务，参与国家大政方针和国家领导人选的协商，参与国家事务的管理，参与国家方针、政策、法律、法规的制定和执行。中国共产党是执政党，在国家政权中占多数要职、实职，是实至名归的。各民主党派是参政党，在国家政权中也应占一定的比例。这个比例应该按照中央的要求和地方的具体情况来确定。中国各民主党派的参政，不同于西方国家一些政党的参政。西方国家政党参政的主要形式是进入议会和在内阁占有席位；而中国民主党派的参政，既可以是以人民代表的身份参加国家权力机关和以公务员的身份参加各级政府与政法机关工作的方式来实现，也可以是通过人民政协——多党合作的重要组织形式，通过参加基层单位民主管理等多种方式来实现，有着丰富多样的内容和形式。中国民主党派“参加国家政权”也有别于西方国家的多党“联合执政”，中国民主党派在政权中的地位，相对于执政党，是参政党；相对于在野党、反对党，又是与中共通力合作、共同致力于社会主义事业的亲密友党。中国共产党与其他民主政党的关系，既不是一种对抗关系，也不是一种对等关系，而是一种领导与合作的关系。

三、何谓执政、领导、执政党

从革命转向执政后，要坚持中国共产党的执政地位和党的领导，就必须弄清楚什么是执政、什么是领导，以及中国共产党究竟是怎样的一个执政党。

新中国成立后，毫无疑义，中国共产党已经居于执政地位，同时又居于领导地位。但是，执政和领导，二者之间既有联系，又有区别，不可混淆。执政和领导各自具有不同的内涵。正因为这样，邓小平在党的八大上才指出，党既是“执政的”党，又是“领导的”党。

什么是执政呢？执政，顾名思义就是执掌政权。执政是表明，作为执政者的政党执掌了全部的国家政权。正因为中国共产党掌握了全部的国家政权，它才被称为执政党。

什么是领导呢？领导的定义是，领导者为实现组织的目标而运用权力向其下属施加影响力的一种行为或行为过程。领导工作包括下列必不可少的要素：领导者、被领导者、领导职权和领导方式行为。

由执政和领导的含义可知，执政和领导的区别在于，执政是党与国家的政权领域相联系，执政是共产党决定和影响国家政权的体现；而领导的概念要比执政的概念宽泛得多，领导既可以是和国家政权发生联系的行为过程，也可以是和社会的各个方面、各个领域相联系的行为过程。领导和执政的区别还在于，当实施领导时，党未必掌握着全部国家政权，但却存在着党对社会的和基层的不同方面、不同领域相联系的行为过程。例如在民主革命时期，中国共产党并没有掌握全部国家政权，但它已经是一个领导着革命的政党，本身就具有领导的功能。

执政和领导的联系在于，执政本身就是一种领导。由于中国共产党掌握了全部国家政权，党也就获得了对国家政权的领导，而且中国共产党的领导正是通过国家政权的作用，继续深入到社会的各个方面、各个领域。可以说，在社会主义时期，中国共产党的领导就集中体现为执政式的领导。很显然，中国共产党如果没有执政地位，就谈不上有党的领导；而党的领导，也就集中体现在党的执政。在执政条件下，执政和领导得到了统一。

因此，作为中国共产党的领导，即中国共产党作为领导的党，主要是指党必须处在国家的总体的领导地位上。党的领导，首先是总体领导，总体领导指的是政治原则、政治方向和重大方针、政策的领导，而全国的其他党派、组织、单位、团体和公民，必须在政治上接受和服从这样的领导。当然，党的领导，并不妨碍同其他的党派、组织、单位、团体和公民在法律地位上的平等关系，即都以宪法和法律为根本活动准则，共同维护宪法和法律的尊严，保护宪法和法律的实施，而且也不妨碍它们按照法律的规定，处理自己内部的事务。这说明，其他的党派、组织、单位、团体和公民接受党的领导，是一种自党自愿的选择，而不是被动地接受。党发挥领导作用，也主要依靠引导、说服，而不是强迫。

其次，作为中国共产党的执政，即中国共产党作为执政的党，主要是党必须居于执政的地位，对国家政权机关实施领导，这样的领导就称为执政领导或执政。当然，中国共产党作为执政党，必须科学执政、民主执政、依法执政，有效地发挥各民主党派、社会公民的民主协商、参政议政、参与管理的作用。

我们还会遇到与领导和执政相关的这样一些概念，如领导能力与执政能力、领导水平与执政水平，它们之间的联系及区别，大体上与领导和执政的联系及区别相同。

那么，中国共产党是怎样的一个执政党呢？2004 年党的十六届四中全会通过的《中共中央关于加强党的执政能力建设的决定》，阐明了中国共产党要“成为立党为公、执政为民的执政党，成为科学执政、民主执政、依法执政的执政党，成为求真务实、开拓创新、勤政高效、清正廉洁的执政党”和“成为始终做到‘三个代表’、永远保持先进性、经得住各种风浪考验的马克思主义执政党”①。这“四个成为”，一是指涉执政党的性质规定；二是指涉执政党的根本要求；三是指涉执政党的价值标准；四是指涉执政党的根本目的，从而完整地揭示了中国共产党作为社会主义国家执政党的科学含义。它清楚地表明，中国共产党的领导功能，主要集中在执政方面。

第二节　实现科学执政、民主执政、依法执政

中国共产党执政地位的巩固和发展，取决于党的执政能力，也就是党的领导能力。对于党的执政能力和领导能力，《中共中央关于加

① 中共中央关于加强党的执政能力建设的决定. 人民日报，2004-09-27.

强党的执政能力建设的决定》作出了创新论述，提出了党要“科学执政、民主执政、依法执政”。

一、“三个执政”的丰富含义

党的十六届四中全会《决定》指出，“党的执政能力，就是党提出和运用正确的理论、路线、方针、政策和策略，领导制定和实施宪法和法律，采取科学的领导制度和领导方式，动员和组织人民依法管理国家和社会事务、经济和文化事业，有效治党治国治军，建设社会主义现代化国家的本领”[①]。这里所说的党的执政能力，实际上就是“科学执政、民主执政、依法执政”的能力。“科学的领导制度和领导方式”，与科学执政相联系；“动员和组织人民”，与民主执政相联系；“依法管理国家和社会事务、经济和文化事业”，与依法执政相联系。

这是对中国共产党执政能力和领导能力作出的深刻诠释，集中到一点，就是如何确保中国共产党在执政实践中切实做到科学、民主、法治。科学执政、民主执政、依法执政，这“三个执政”既是对坚持中国共产党领导的重要规定，也是实施党的正确领导的重要举措。

所谓科学执政，就是要用科学的理论和思想指导执政，就是要遵循党在社会主义初级阶段的客观规律执政，就是要在吸收和借鉴世界各国政治文明中一切合理的科学成分的基础上执政。中国共产党的执政，一定要在科学的理论和方法的指导下，逐步建立科学的制度，把科学的执政理念、执政方式、执政方法制度化、规范化。

所谓民主执政，就是坚持为人民执政、靠人民执政，支持和保证人民当家作主，坚持和完善人民民主专政，坚持和完善民主集中制，以发展党内民主带动人民民主。密切联系人民群众，相信和依靠人民群众，全心全意为人民群众谋利益，是中国共产党区别于其他阶级政党的一个根本标志。党的性质和宗旨，决定了它在成为执政党以后，必须坚持为人民执政、靠人民执政。党通过自己的执政活动，集中和

---

① 中共中央关于加强党的执政能力建设的决定．人民日报，2004-09-27.

体现人民的利益和意愿，并努力实现人民的利益和意愿。党带领人民建设社会主义民主政治，并且在自己的执政活动中严格遵循社会主义民主政治的根本要求，为人民执好政、掌好权。

所谓依法执政，就是实现依法治国理政。中国共产党作为中华人民共和国的唯一执政党，以依法治国、建设社会主义法治国家作为基本的治国方略，必然要坚持依法执政，带领人民立法，通过立法把人民的意志和愿望变为国家意志，把代表人民根本利益的党的方针、政策变为法律、法规，同时带头遵法守法，在宪法和法律的范围内活动，并带领人民遵守宪法和法律，维护宪法和法律的权威，保证宪法和法律的实施，不断推进国家经济、政治、文化、社会生活的法治化、规范化。

二、“三个执政”的科学理念

要实现党的“三个执政”，关键在于树立科学的党的执政理念，把握三者之间的内在统一关系。作为“三个执政”的科学的党的执政理念，具体表现为四个科学，即“科学思想、科学理念、科学制度和科学方式”。

科学思想，即党要坚持以科学思想指导的执政实践。中国共产党是以马克思主义为理论基础和指导，在执政的社会主义实践中，也必须坚持党在指导思想上的与时俱进，用发展着的马克思主义指导新的实践。20 世纪 80 年代末 90 年代初，苏东国家的执政党之所以垮台、崩溃，一个重要的原因就是僵化、教条，错误地对待马克思主义理论，不是用发展的马克思主义指导新的实践，无法做到马克思主义与本国的实际相结合，因而使执政党在执政实践中偏离社会主义的正确方向，最终失去了最广大人民群众的支持，失去了最深厚的群众基础，导致失去了执政地位。这样的教训告诫还在执政的共产党，必须坚持科学的理论指导。

科学理念，即党要坚持科学的执政理念，始终代表最广大人民的利益。执政党必须树立科学的执政理念，这就是立党为公、执政为民的理念。人民是中国共产党长久执政的雄厚基础。中国共产党之所以成功地执政几十年，最根本的是代表了最广大人民的根本利益，把人民的要求转化为执政党的执政理念、执政实践，做到了为人民掌好权、用好权。

科学制度，即党的执政必须依靠科学的制度，要大力加强制度建设。制度建设是科学执政、民主执政、依法执政的根本保证。加强科学执政的制度建设，必须改革和完善党的领导体制和工作机制，提高党组织总揽全局、协调各方的能力；加强对权力运行的制约和监督，通过建立结构合理、配置科学、程序严密、制约有效的权力监督制约机制和主动有效的惩治腐败机制，从决策和执行等各个环节加强对权力的监督，保证把人民赋予的权力真正用来为人民谋利益。

科学方式，即党的执政要采取科学的执政方式。执政方式是执政党对国家政权和各项事业的领导方式，其实质是党的执政权力通过什么途径和方式来实现和如何转化的问题。确立科学的执政方式，就是按照社会主义民主政治的要求，把坚持党的领导，实现人民当家作主和依法治国有机地结合起来，使党的领导更好地体现人民当家作主和依法治国的精神，以实现党执政方式的科学化、民主化和规范化。

科学执政、民主执政、依法执政，是党的执政领导的三个基本要素，三者的关系是辩证统一的。科学执政是基本前提，民主执政是本质所在，依法执政是基本途径，三者相互联系，有机结合。科学执政、民主执政和依法执政的有机结合，统一于加强党的执政能力建设的伟大实践之中。党在改革开放和社会主义现代化建设的历史条件下执政，必须遵循共产党执政的客观规律，以科学的思想、科学的制度、科学的方法执政；必须坚持民主执政，为人民执政、靠人民执政；必须坚持依法治国，领导立法、带头守法、保证执法。科学执政、民主执政、依法执政相互依存、相互促进、互为条件。坚持为人民执政，依靠人民执政，以及依法执政，通过带领人民制定法律并在法律的范围内执政，这些都是共产党执政规律的客观要求，是共产党科学的执政理论的重要内容，因此也是科学执政的基本要求。要真正实现科学执政，也必然要求实现民主执政与依法执政。因为这是现代法治国家中政党政治的普遍规律和基本要求，更是中国共产党执政实践中客观规律的科学反映。离开民主执政和依法执政，是不可能实现科学执政的。

三、"三个执政"的具体要求

"科学执政、民主执政、依法执政"的"三个执政"，涉及极为广阔的执政范围，它们涵盖了改革发展稳定、内政外交国防、治党治国治军各个方面，构成了党的总体性的执政能力，并对党的总体性执政能力提出了明确的具体要求。对此，党的十六届四中全会《决定》提出，当前和今后一个时期，加强党的执政能力建设的主要任务是：按照推动社会主义物质文明、政治文明、精神文明协调发展的要求，不断提高驾驭社会主义市场经济的能力、发展社会主义民主政治的能力、建设社会主义先进文化的能力、构建社会主义和谐社会的能力、应对国际局势和处理国际事务的能力。这五种能力，归根结底都是科学执政、民主执政、依法执政能力的具体要求，科学、民主、法治，是提高这五种执政能力的根本保证。只有在坚持科学执政、民主执政、依法执政的基础上，才能够有效地做到不断提高我们党的上述五种主要的执政能力，并通过党的执政能力的提高，进一步地巩固党的执政地位，实现党的执政使命。

"科学执政、民主执政、依法执政"的"三个执政"，也对党的执政方式和领导方式提出了明确的具体要求。

首先，党的执政方式和领导方式是提出治国的政治路线和方针、政策。这些包含，从政治路线、方针、政策上领导国家政权及其建设，指引和掌握国家政治生活的发展方向，确保全体人民管理国家和社会事务的权利及有效地实际参加治理，等等。党提出宏观的路线、方针、政策，以指导国家的政治生活和全社会的行动，而不是陷于具体琐碎的行政事务和经济管理的事务中。

其次，党的执政方式和领导方式是提出立法建议并指导立法。依法领导或依法治国，即党的领导法治化，是政治领导的一种基本形式。党要在宪法和法律的范围内活动，党对国家事务实行政治领导的主要方式是使党的主张经过法定程序变成国家意志，即通过法律和法令来实现党的领导。这意味着党把自己的领导活动纳入国家法治的轨道。

再次，党的执政方式和领导方式是选拔和推荐重要干部到国家政权机关中任职。党的执政最主要的就是通过党的干部在政权中工作来实现的，要以国家政权作为执政中心。党必须把自己的领袖人物和主要干部推荐到国家权力机关中去，值得指出的是，党“推荐重要干部”，不是推荐所有的干部；是“推荐”而不是由党组织直接委任或决定，必须走法律的程序。党就是通过执政的这些党的领袖和干部来贯彻党治国理政的施政方针、主张。党的一大批领导者进入国家权力机关也更加符合国际上通行的政党政治原则，党领导国家不再是依靠发号施令，而是通过在国家政权机关的党员所占据的优势比例和政治影响，用民主的方法，依靠集中大多数人的意志，把党的路线、方针、政策通过国家治理的形式传达给全社会，使整个决策过程更加民主化，更能反映民情，代表民意，集中民智，更具有法律的效力。

最后，党的执政方式和领导方式也应是监督国家政权中党的领导干部和党员发挥先锋模范作用，以保证党的决议得到执行。

第三节 坚持执政党领导是根本原则

在中国，坚持党的领导是四项基本原则之一，是中国特色社会主义不可动摇的基本原则。坚持党的领导，从根本上说，是坚持和发展社会主义的要求和需要。

一、保证社会主义拥有领导的核心力量

在中国这样一个多民族的发展中大国，要把 13 亿多人的思想统

一起来，力量凝聚起来，向着社会主义现代化建设的目标前进，必须有中国共产党的坚强领导。否则，就会四分五裂，成为一盘散沙，不仅现代化实现不了，而且必然陷入混乱的深渊。这既是总结近代以来中国发展的历程得出的结论，也是分析许多国家发展的经验教训得出的结论。党的十九大报告指出，中国共产党“在应对国内外各种风险和考验的历史进程中始终成为全国人民的主心骨，在坚持和发展中国特色社会主义的历史进程中始终成为坚强领导核心”①。

坚持中国共产党的领导，就是要坚持党在建设中国特色社会主义事业中的领导核心地位。中国共产党要坚持对国家大政方针和全局工作的政治领导，坚持党对军队和其他人民民主专政的国家机器的绝对领导，坚持党管干部的原则，坚持党对意识形态领域的领导，坚持共产党对多党合作的领导。这些都是坚持党的领导的根本原则。

中国共产党是中国特色社会主义事业的领导核心，代表中国先进生产力的发展要求，代表中国先进文化的前进方向，代表中国最广大人民的根本利益。党从成立之日起，就把自己确定为中国工人阶级的政党，始终坚持工人阶级先锋队的性质，同时，我们党也深深扎根在中华民族之中，肩负着实现中华民族伟大复兴的庄严使命。党既要为工人阶级利益而奋斗，又要为中国人民和中华民族的利益而奋斗。正是坚持了这一点，我们党才团结和凝聚了全民族的力量，组成了浩浩荡荡的大军，赢得了民族独立和人民解放，取得了建设和改革的胜利。党的十九大报告指出：“中国特色社会主义最本质的特征是中国共产党领导，中国特色社会主义制度的最大优势是中国共产党领导，党是最高政治领导力量。”② 现在，在新的历史条件下进行社会主义现代化建设，要战胜前进道路上的各种困难和风险，全面建成小康社会，全面建设社会主义现代化国家，实现中华民族伟大复兴，只有坚持党的领导，才能把全国各族人民紧紧团结和凝聚在党的周围。

---

①② 决胜全面建成小康社会 夺取新时代中国特色社会主义伟大胜利. 人民日报，2017-10-28.

二、保持社会主义前进的正确方向

现今世界上，存在着社会主义和资本主义两种不同的发展趋势。对于正在进行社会主义现代化建设的国家而言，都有一个坚持而不是离开社会主义的问题。改革开放的成功实践告诉我们，改革开放始终有一个根本的政治导向问题，改革不是改变方向，开放也不等于放任西化。改革开放最重要的经验在于，党的领导是中国特色社会主义的最大特色、最本质特征，必须坚持党的领导，贯彻党的基本路线，不走封闭僵化的老路，不走改旗易帜的邪路，坚定走中国特色社会主义道路，始终确保改革开放的正确方向。我们深信，企图转向资本主义的设想是没有出路的。众所周知，在世界上 100 多个实行资本主义制度的国家中，算得上发达国家的只有二十几个，其余绝大多数属于发展中国家，有的甚至是最贫穷的国家。这说明，资本主义并没有改变这些国家贫困落后的状况。走什么路实现民族复兴和国家昌盛，要依靠这些国家的人民根据本国的实际来选择。当前，中国特色社会主义建设，是要经过一个较长的初级阶段，去实现发达国家在资本主义条件下实现的工业化、市场化、社会化和现代化，但这并不意味着我们将走到资本主义道路去。资本主义现代化经历了几个世纪的漫长过程，它使本国人民和殖民地附属国人民付出了难以估量的惨重代价，给人们留下了痛苦的回忆。资本主义现代化不可能改变大多数人受剥削、受压迫的命运，不可能消除贫富鸿沟日益扩大等社会不公正现象。

中国人民经受了 100 多年近代剥削奴役制度的苦难，只是在中国共产党领导下才走上民族解放、国家振兴、人民幸福的中国特色社会主义道路，我们绝不会再去走资本主义的老路。我们所从事的社会主义现代化建设，是在社会主义公有制为主体的充满活力的经济体制基础上，依靠全体人民团结奋斗来实现，其目的是为了增强综合国力、满足人民日益增长的物质和文化需要，达到全面建成小康社会和实现中华民族的伟大复兴，这才是中国人民梦寐以求要追寻的中国梦。要实现这样的任务和目标，只有坚持中国共产党的领导，才能在错综复杂的政治风云中，牢牢掌握社会主义前进的正确方向，才能动员亿万工人、农民、知识分子和其他劳动群众为之努力奋斗。

三、完成社会主义建设的各项艰巨任务

建设中国特色社会主义，是一项异常艰巨的事业，堪称人类历史上一个伟大的创造性工程。它既不能从马克思主义书本中找到现成的答案，也不能照抄照搬别国的经验和模式，而只能把马克思主义普遍原理同本国的实际结合起来，通过实践检验，探索适合自己本国国情的道路。为此，只有作为工人阶级和中华民族先锋队的中国共产党来领导，才能全面认识中国特色社会主义的建设规律，制定正确的路线，选择正确的步骤。

党的十一届三中全会以来，中国共产党以实事求是的思想路线，解放思想、勇于探索，制定了党在社会主义初级阶段建设中国特色社会主义的基本路线，形成了中国特色社会主义理论体系，开启了社会主义现代化建设的伟大事业。建设中国特色社会主义，包含了经济建设、政治建设、文化建设、社会建设、生态文明建设在内的“五位一体”建设，我们不仅要推进市场经济、民主政治、文化繁荣、社会和谐、生态文明，还要形成生机勃勃的经济体制、政治体制、文化体制、社会体制和生态文明体制。我们正面临着改革和建设的双重任务，会遇到各种阻力，其艰巨性、复杂性和长期性是以往任何时候所发生的情况不可比拟的。如果没有中国共产党的领导，没有党的运筹帷幄，要想完成中国特色社会主义建设的伟大事业是根本不可能的。

四、巩固社会主义社会的安定团结局面

保持社会的安定团结，是中国特色社会主义建设得以顺利进行的基本条件。要保持安定团结的局面，必须妥善处理好改革、发展和稳定的关系。首先，改革是经济和社会发展的强大动力，是人和社会获得全面发展的前提和基础。对旧的经济、政治、文化体制的突破必须

依靠改革。随着改革的不断深入，各种深层次矛盾越来越突出，会影响社会的发展和稳定。在这种情况下，只有通过深化改革，才能扫除发展和稳定的障碍。改革，在跨世纪中国社会转型中起着决定性的作用，没有改革就没有发展和稳定。其次，发展是硬道理，发展是目的，是解决中国所有问题的关键。发展是一个综合概念，是经济、社会和人的全面发展，是经济秩序、政治秩序、社会秩序以及生态环境有序、健康的发展。改革的目的是为了发展，稳定的目的也是为了发展。经济体制改革的目的是为了经济发展，政治体制改革的目的是为了发展、完善社会主义民主和法制，各项改革是为了促进社会的全面发展。发展的需要决定着改革的内容，发展的程度决定着改革的进程。改革要随着发展形势而稳步推进。最后，稳定是改革和发展的前提，必须在改革和发展中实现政治和社会的稳定。一方面，没有一个稳定的局面，改革就不可能顺利进行，社会发展进程就会受到干扰；另一方面，稳定并不是单纯的稳定，只有紧紧抓住改革和发展的历史性机遇加快改革和发展，才能真正保持社会的稳定，稳定不是回避矛盾和掩盖矛盾，而是积极发现矛盾，通过改革和发展去解决矛盾，最终实现社会的稳定。

保持社会的安定团结，正确处理改革、发展和稳定的关系，只有依靠中国共产党的领导才可能做到。正如邓小平说的，“人民的团结，社会的安定，民主的发展，国家的统一，都要靠党的领导”①。

第四节　坚持党的领导要加强党的建设

中国共产党是领导中国前进发展的强大力量。要坚持党的领导，发挥党的领导作用，使党始终成为中国特色社会主义建设事业的核心领导力量，就必须大力加强党的建设，坚定不移地推进全面从严

① 邓小平．邓小平文选：第 2 卷．北京：人民出版社，1994：342.

治党。

一、全面从严治党迫在眉睫

中国共产党成立 97 年、执政 69 年、领导改革开放 40 年来，几代中国共产党人始终坚持把马克思主义基本原理同中国具体实际相结合，团结带领全国各族人民不懈奋斗，战胜各种艰难险阻，不断取得革命、建设、改革的伟大胜利。实践证明，没有中国共产党就没有新中国，就没有中国特色社会主义。坚持中国特色社会主义道路，推进社会主义现代化，实现中华民族伟大复兴的“中国梦”，无论是我们曾处在“山重水复疑无路”的紧要关头，曾经历“风景这边独好”的发展时期，还是现在进入“雄关漫道真如铁”的峥嵘岁月，都必须毫不动摇地坚持中国共产党的领导。但是，党的领导地位和党的执政地位不是天然自成、恒定不变的。习近平明确指出：“党的执政地位和领导地位并不是自然而然就能长期保持下去的，不管党、不抓党就有可能出问题甚至出大问题，结果不只是党的事业不能成功，还有亡党亡国的危险。”① 世情、国情、党情的深刻变化，党面临着长期的、复杂的、严峻的执政考验、改革开放考验、市场经济考验和外部环境考验，对推进党的建设新的伟大工程提出了新要求。为此，习近平提出了“全面从严治党”的任务，并且认为，全面从严治党比起过去任何时候来说都显得更为繁重和必要。

中国共产党作为世界上最大的执政党和在一个 13 亿多人口大国执政的党，正面临着严峻的执政考验。从国际看，世界多极化、经济全球化深入发展，科技进步日新月异，世界经济格局发生新变化，国际力量对比出现新态势，发达国家在经济、科技等方面仍占优势，综合国力竞争和各种力量较量更趋激烈，不稳定、不确定因素日益增多。从国内看，经济建设、政治建设、文化建设、社会建设和生态文明建设全面推进，中国特色新型工业化、信息化、城镇化、农业现代

---

① 习近平．在党的群众路线教育实践活动总结大会上的讲话．人民日报，2014-10-09.

化道路向纵深发展。适应着这样的新形势，要统筹国际、国内两个大局，就要求中国共产党拥有胜任的执政能力，不断提高治理能力。现在，对于一些党员和干部来说，本领不大、能力不足仍是一个大问题。1939 年，毛泽东就提出我们队伍里有“本领恐慌”的问题。2013 年，习近平重提这个问题，指出：“全党同志特别是各级领导干部，都要有本领不够的危机感。”① 这就需要我们通过全面从严治党，加强党的建设，提高党的领导水平和执政水平，增强党的执政能力，推进治理能力现代化。

从党面临的外部环境考验分析，西方资本主义国家对中国实行“西化”和分化的图谋始终没有改变。在未来相当长的时期里，党都将承受着西方资本主义政治制度颠覆、渗透的压力。西方发达国家所宣扬的“三权分立”、宪政主义、多党竞争、一人一票的民主普选，以及政党内部运行的一些特点，对一般党员群众容易产生欺骗性和诱惑力，给我们党的宣传教育工作也提出了严重挑战。如何在政治领域和意识形态领域掌握领导权和话语权，弘扬主旋律，传播正能量，只有通过全面从严治党，加强党的建设，才能有效地抵御西方价值观，挫败西方敌对势力的攻击，为坚持党的领导坚守阵地。

二、全面从严治党的基本要求

1. 落实从严治党责任

全面从严治党，必须增强管党治党意识、落实管党治党责任。历史和现实都告诉我们，不明确责任，不落实责任，不追究责任，从严治党是做不到的。经过这些年的努力，各级党组织建立了党建工作责任制，党委抓、书记抓、各有关部门抓、一级抓一级、层层抓落实的党建工作格局基本形成。然而，是不是各级党委、各部门党委（党

---

① 习近平．在中央党校建校 80 周年庆祝大会暨 2013 年春季学期开学典礼上的讲话．人民日报，2013-03-03.

组）都做到了聚精会神抓党建？是不是各级党委书记、各部门党委（党组）书记都成为从严治党的书记？是不是各级、各部门党委（党组）成员都履行了分管领域从严治党责任？一些地方和部门还难以给出令人满意的答案。各级、各部门党委（党组）必须树立正确的政绩观，坚持从巩固党的执政地位的大局看问题，把抓好党建作为最大的政绩。如果我们党弱了、散了、垮了，其他政绩又有什么意义呢？各级党委要把从严治党责任承担好、落实好，坚持党建工作和中心工作一起谋划、一起部署、一起考核，把每条战线、每个领域、每个环节的党建工作抓具体、抓深入，坚决防止“一手硬、一手软”。对各级、各部门党组织负责人特别是党委（党组）书记的考核，首先要看抓党建的实效，考核其他党员领导干部工作也要加大这方面的权重。全面从严治党，没有责任制就是一句空话，落实全面从严治党，最重要的也莫过于抓紧落实党建责任制。

2. 坚持思想建党和制度治党紧密结合

从严治党靠教育，也靠制度，二者一柔一刚，要同向发力、同时发力。现在，一个比较明显的问题就是轻视思想政治工作，以为定了制度、有了规章就万事大吉了，有的甚至已经不会或不习惯做认真细致的思想政治工作了，有的甚至认为组织找自己谈话是多此一举。正是这样的简单化和片面性，使一些本来可以落实的制度得不到落实、一些本来可以避免的问题不断发生。既要使加强制度治党的过程成为加强思想建党的过程，也要使加强思想建党的过程成为加强制度治党的过程。全面从严治党，就要实施思想建党和制度治党并重的方针。

3. 严肃党内政治生活

党内政治生活是党组织教育管理党员和党员进行党性锻炼的主要平台，从严治党必须从党内政治生活抓起。有什么样的党内政治生活，就有什么样的党员、干部作风。一个班子强不强、有没有战斗力，与有没有严肃认真的党内政治生活密切相关；一个领导干部强不强、威信高不高，也与是否经过严肃认真的党内政治生活锻炼密切相关。从严治党，最根本的就是要使全党各级组织和全体党员、干部都按照党内政治生活准则和党的各项规定办事。这些年，一些地方和部门自由主义、分散主义、好人主义、个人主义盛行，有的是搞家长制，独断专行，以至于一些人不知党内政治生活为何物，是非判断十分模糊。全面从严治党，就要使党内政治生活今后在全党严肃认真地开展起来。

4. 坚持从严管理干部

全面从严治党，重在从严管理干部。正确的政治路线要依靠正确的组织路线来保证。干部掌握着方方面面的权力，是党的理论和路线、方针、政策的具体执行者，如果干部队伍素质不高、作风不正，那党的建设是不可能搞好的。我们的党员、干部队伍庞大，管理起来难度很大，但又必须管好，管不好就会出乱子。我们国家要出问题主要出在共产党内，我们党要出问题主要出在干部身上。党培养一个干部，特别是高级干部是很不容易的。这些年，一些干部包括一些相当高级别的领导干部因违犯党纪国法落马，全党都很痛心，说起这些事都有一种恨铁不成钢的感觉。从严管理干部，总的是要坚定理想信念，加强道德养成，规范权力行使，培育优良作风，使各级干部自觉履行党章赋予的各项职责，严格按照党的原则和规矩办事。全面从严治党，当务之急是要把干部队伍建设好。

5. 持续深入改进作风

中国共产党历来强调，党风问题关系党的生死存亡。古今中外，因为统治集团作风败坏导致人亡政息的例子多得很！我们一定要引为借鉴，以最严格的标准、最严厉的举措治理作风问题。不可否认的是，在发展社会主义市场经济条件下，商品交换原则必然会渗透到党内生活中来，这是不以人的意志为转移的。社会上各种各样的诱惑缠绕着党员、干部，“温水煮青蛙”现象就会产生，一些人不知不觉就被人家请君入瓮了。全面从严治党，必须闯过作风这一难关，努力改进思想作风、工作作风、领导作风、干部生活作风，努力改进学风、文风、会风，加强治本工作，使党员、干部不仅不敢沾染歪风邪气，而且不能、不想沾染歪风邪气，使党的作风全面纯洁起来。

6. 严明党的纪律

纪律不严，全面从严治党就无从谈起。党的十八大以来，各级党组织结合教育实践活动完善了纪律规定，加强了执纪问责，效果是好的。同时，从已经查处的大量顶风违纪案件中可以看出，一些党员、干部对纪律规定还置若罔闻，搞“四风”毫无顾忌，搞腐败心存侥幸。因此，在纪律上还要进一步严格起来。全面从严治党，要使我们的党员、干部真正懂得，党的纪律是全党必须遵守的行为准则，严格遵守和坚决维护纪律是做一个合格党员、干部的基本条件。

7. 发挥人民监督作用

“得民心者得天下，失民心者失天下”，人民的拥护和支持是党执政最牢固的根基。人民群众中蕴藏着治国理政、管党治党的智慧和力量，从严治党必须依靠人民。全面从严治党，如果离开了人民群众，就是无源之水、无本之木，必须使各级干部多沉下身子、走近群众，就从严治党问题多向群众请教，群众提出的意见只要对从严治党有益，就要认真听取、积极采纳。

8. 深入把握从严治党规律

从严治党有其自身规律，对中国共产党这样一个老党、大党来说，从严治党更有其自身规律。党在长期实践中，不断总结自己正反两方面经验，也积极借鉴国外执政党建设的经验教训，深刻认识到了一些从严治党规律，这些都要继续运用好。

三、加强和规范党内政治生活

党的强大在于严肃党内政治生活，严肃党内政治生活要加强和规范党内政治生活。2016 年 10 月 24—27 日，党的十八届六中全会在北京举行（见图 7-2），全会聚焦于全面从严治党的主题，总结了开展党内政治生活和实行党内监督的历史经验，分析了全面从严治党面临的形势和任务，制定了《关于新形势下党内政治生活的若干准则》和修订了《中国共产党党内监督条例》，明确提出加强和规范党内政治生活、加强党内监督是全党的共同任务，党要管党必须从党内政治生活管起，从严治党必须从党内政治生活严起。

图 7-2 中国共产党第十八届中央委员会第六次全体会议

新形势下加强和规范党内政治生活，必须以党章为根本遵循，坚持党的政治路线、思想路线、组织路线、群众路线，着力增强党内政治生活的政治性、时代性、原则性、战斗性，着力增强党自我净化、自我完善、自我革新、自我提高的能力，着力提高党的领导水平和执政水平、增强拒腐防变和抵御风险能力，着力维护党中央权威、保证党的团结统一、保持党的先进性和纯洁性，努力在全党形成又有集中又有民主、又有纪律又有自由、又有统一意志又有个人心情舒畅的生动活泼的政治局面。

新形势下加强和规范党内政治生活，重点是各级领导机关和领导干部，关键是高级干部特别是中央委员会、中央政治局、中央政治局常务委员会的组成人员。高级干部特别是中央领导层组成人员必须以身作则，模范遵守党章党规，严守党的政治纪律和政治规矩，坚持不忘初心、继续前进，坚持率先垂范、以上率下，为全党、全社会作出示范。

共产主义远大理想和中国特色社会主义共同理想，既是中国共产党人的精神支柱和政治灵魂，也是保持党的团结统一的思想基础。必须把坚定理想信念作为开展党内政治生活的首要任务。

党在社会主义初级阶段的基本路线既是党和国家的生命线、人民的幸福线，也是党内政治生活正常开展的根本保证。必须全面贯彻执行党的基本路线，把以经济建设为中心与坚持四项基本原则、坚持改革开放这两个基本点统一于中国特色社会主义伟大实践，任何时候都不能有丝毫偏离和动摇。全党必须聚精会神地抓好发展这个党执政兴国的第一要务。坚持四项基本原则，根本是坚持党的领导，坚持中国特色社会主义道路、中国特色社会主义理论体系、中国特色社会主义制度、中国特色社会主义文化。必须勇于推进理论创新、实践创新、制度创新、文化创新以及其他各方面创新，坚定不移地实施对外开放基本国策。

坚决维护党中央权威、保证全党令行禁止，是党和国家前途命运所系，是全国各族人民根本利益所在，也是加强和规范党内政治生活的重要目的。坚持党的领导，首先是坚持党中央的集中统一领导。一个国家、一个政党，领导核心至关重要。全党必须自觉地在思想上、政治上、行动上同党中央保持高度一致。党的各级组织、全体党员特别是高级干部都要向党中央看齐，向党的理论和路线、方针、政策看齐，向党中央决策部署看齐，做到党中央提倡的坚决响应、党中央决定的坚决执行、党中央禁止的坚决不做。

党的坚强有力，源自党的纪律；党要坚强有力，必须依靠党的纪律。全面从严治党的一个基本要求和重要任务，就是加强党的纪律建设。纪律严明是全党统一意志、统一行动、步调一致前进的重要保障，是党内政治生活的重要内容。必须严明党的纪律，把纪律挺在前面，用铁的纪律从严治党。坚持纪律面前一律平等，遵守纪律没有特权，执行纪律没有例外，党内绝不允许存在不受纪律约束的特殊组织和特殊党员。党的各级组织和全体党员必须对党忠诚老实、光明磊落，说老实话、办老实事、做老实人，如实向党反映和报告情况，反对搞两面派、做“两面人”，反对弄虚作假、虚报浮夸，反对隐瞒实情、报喜不报忧。领导机关和领导干部不准以任何理由和名义纵容、唆使、暗示或强迫下级说假话。党内不准搞拉拉扯扯、吹吹拍拍、阿谀奉承。对领导人的宣传要实事求是，禁止吹捧。党的各级组织必须担负起执行和维护政治纪律和政治规矩的责任，坚决防止和纠正执行纪律宽、松、软的问题。

党来自人民，如果失去人民的拥护和支持，党就会失去根基。必须把坚持全心全意为人民服务的根本宗旨、保持党同人民群众的血肉联系作为加强和规范党内政治生活的根本要求。全党必须贯彻党的群众路线，为群众办实事、解难事，当好人民公仆。坚持问政于民、问需于民、问计于民，绝不允许在群众面前自以为是、盛气凌人，绝不允许当官做老爷、漠视群众疾苦，更不允许欺压群众、损害和侵占群众利益。必须坚决反对形式主义、官僚主义、享乐主义和奢靡之风。各级领导干部必须深入实际、深入基层、深入群众，多去条件艰苦、情况复杂、矛盾突出的地方解决问题，千方百计为群众排忧解难。对一切搞劳民伤财的“形象工程”和“政绩工程”的行为，要严肃问责追责，依纪依法处理。

民主集中制是党的根本组织原则，是党内政治生活正常开展的重要制度保障。坚持集体领导制度，实行集体领导和个人分工负责相结合，是民主集中制的重要组成部分，必须始终坚持，任何组织和个人在任何情况下都不允许以任何理由违反这项制度。各级党委（党组）必须坚持集体领导制度，领导班子成员必须增强全局观念和责任意识，党委（党组）主要负责同志必须发扬民主、善于集中、敢于担责，领导班子成员必须坚决执行党组织决定。

党内民主是党的生命，是党内政治生活积极健康的重要基础。党内决策、执行、监督等工作必须执行党章党规确定的民主原则和程序，任何党组织和个人都不得压制党内民主、破坏党内民主。中央委员会、中央政治局、中央政治局常务委员会和党的各级委员会作出重大决策部署，必须深入开展调查研究，广泛听取各方面意见和建议。必须尊重党员主体地位、保障党员民主权利，落实党员知情权、参与权、选举权、监督权，保障全体党员平等享有党章规定的党员权利、履行党章规定的党员义务，坚持党内民主平等的同志关系，任何党组织和党员不得侵害党员民主权利。畅通党员参与讨论党内事务的途径，拓宽党员表达意见的渠道，营造党内民主讨论的政治氛围。党员有权向党负责地揭发、检举党的任何组织和任何党员违纪违法的事实，提倡实名举报。

坚持正确选人用人导向，是严肃党内政治生活的组织保证。选拔任用干部必须坚持德才兼备、以德为先，坚持五湖四海、任人唯贤，坚持信念坚定、为民服务、勤政务实、敢于担当、清正廉洁的好干部标准。党的各级组织必须自觉防范和纠正用人方面的不正之风和种种偏向。党的各级组织要旗帜鲜明地为敢于担当的干部担当，为敢于负责的干部负责。坚决禁止跑官要官、买官卖官、拉票贿选等行为，坚决禁止向党伸手要职务、要名誉、要待遇的行为，坚决禁止向党组织讨价还价、不服从组织决定的行为。任何人都不准把党的干部当作私有财产，党内不准搞人身依附关系。规范和纯洁党内同志交往，领导干部对党员不能颐指气使，党员对领导干部不能阿谀奉承。建立容错纠错机制，宽容干部在工作中特别是改革创新中的失误。

监督是权力正确运行的根本保证，是加强和规范党内政治生活的重要举措。必须加强对领导干部的监督，党内不允许有不受制约的权力，也不允许有不受监督的特殊党员。要完善权力运行制约和监督机制，形成有权必有责、用权必担责、滥权必追责的制度安排。党的各级组织和领导干部必须在宪法法律范围内活动，绝不能以言代法、以权压法、徇私枉法。对涉及违纪违法行为的举报，对党员反映的问题，任何党组织和领导干部都不准隐瞒不报、拖延不办。涉及所反映问题的领导干部应该回避，不准干预或插手组织调查。

腐败，是国家治理的大敌，其危害性足以亡党亡国。中国共产党成立 96 年来，始终坚定不移地反对腐败。自改革开放以来，反腐败斗争开始改变主要通过“运动”进行反腐败斗争的方式，而逐步明晰、聚焦于制度反腐的思路，明确地把反腐败问题提升到了法律制度的高度。党的十八大以来，以习近平同志为核心的党中央，不仅高举反腐倡廉的旗帜，而且揭开了反腐倡廉崭新的一页。建设廉洁政治，坚决反对腐败，是加强和规范党内政治生活的重要任务。必须筑牢拒腐防变的思想防线和制度防线，着力构建不敢腐、不能腐、不想腐的体制机制。领导干部特别是高级干部必须带头践行社会主义核心价值观，讲修养、讲道德、讲诚信、讲廉耻。各级领导干部是人民公仆，没有搞特殊化的权利，要带头执行廉洁自律准则，自觉与特权思想和特权现象作斗争，注重家庭、家教、家风，教育管理好亲属和身边工作人员。禁止利用职权或影响力为家属、亲友谋求特殊照顾，禁止领导干部家属、亲友插手领导干部职权范围内的工作、插手人事安排。要坚持有腐必反、有贪必肃，坚持无禁区、全覆盖、零容忍，党内绝不允许有腐败分子藏身之地。

后　记

《当代中国政治》是作者承担的向国内外读者介绍中国的政治思想、政治制度和民主政治实践概况的一本通俗性著作。在完稿之际，作者尚有余言，特简而叙之。

当代中国的政治发展，离不开政治思想的指导。作为中国政治发展的指导思想，无疑是马克思主义。马克思主义的政治学说，是社会主义的政治学说，是以人民为主体、主张人民群众当家作主的政治学说，具有科学的世界观和方法论。它认为，政治是人类历史发展到一定时期产生的一种重要的社会现象，在阶级社会中主要表现为阶级之间的斗争。政治的核心是国家政权。无产阶级和劳动人民首先要开展阶级斗争，运用革命的方式，夺取政权，掌握政权。马克思主义政治学说不仅论述了阶级斗争、暴力革命以及无产阶级专政这些原理，而且阐述了关于自由、民主、共和、平等、博爱等一系列重要的政治观念。遗憾的是，从 1957 年开始，直到“文化大革命”结束，那时的中国形成极左的政治思潮，盛行“以阶级斗争为纲”，曲解了马克思主义，简单地把马克思主义政治理论归结为阶级斗争、暴力革命以及实行无产阶级专政等内容。所幸的是，1978 年中国实行改革开放，结束了“左”的祸害，中国的政治也开始转型，认识到在剥削阶级作为阶级被消灭之后，在建立了社会主义社会的更长的时间里，政治主要表现为调整人民内部关系和治理公共事务，从而应将政治的内涵从阶级斗争范围转到公共管理领域。因此，在社会主义时期，要突出公共事务治理问题，致力于发展民主政治。可以说，没有这样的一个根本转变，就没有当代中国的政治发展。

当代中国的政治发展，是以政治体制改革为推动力的。中国政治的发展为什么要围绕着政治体制改革呢？因为中国原有的政治体制来源于苏联政治体制模式，存在诸多的弊端。

政治体制改革使中国的国家制度发生了深刻变化。国家制度主要包括经济制度、政治制度和文化制度。在这三者的关系中，政治制度反映着中国特色社会主义国家的性质和主要特征，同时具有保障国家的稳定、团结、民主、和谐与长治久安的功能。当代中国政治制度主要包括：人民代表大会制度、多党合作和政治协商制度、民族区域自治制度、基层群众自治制度等。这些制度形成当代中国政治制度的基本结构。当代中国政治制度坚持共产党的领导，坚持共产党的科学执政、民主执政、依法执政。

了解当代中国政治，主要就是了解当代中国的政治思想、政治体制改革、基本政治制度和政治领导力量。当代中国政治的发展轨迹，显然与西方国家及其他国家不同。当代中国政治由于运用马克思主义的基本原理同中国具体国情相结合，具有鲜明的社会主义中国特色。随着当代中国政治的深入发展，就会推动中国特色社会主义伟大事业更好地发展。

能够写作和出版此书，作者由衷地感谢中国人民大学出版社的信任，感谢编辑牛晋芳向我约稿并提出具体的写作要求。在本书出版过程中，牛晋芳编辑工作热心认真，学术专业精湛，付出了辛勤的劳动，在此特致以谢忱！

许耀桐

2016 年 10 月初稿、2018 年 6 月修改于国家行政学院

图书在版编目（CIP）数据

当代中国政治/许耀桐著. —北京：中国人民大学出版社，2018.8
（"认识中国·了解中国"书系）
"十三五"国家重点出版物出版规划项目
ISBN 978-7-300-23908-8

Ⅰ.①当… Ⅱ.①许… Ⅲ.①政治-中国-现代-通俗读物 Ⅳ.①D6-49

中国版本图书馆 CIP 数据核字（2017）第 010276 号

"十三五"国家重点出版物出版规划项目
"认识中国·了解中国"书系
当代中国政治
许耀桐　著
Dangdai Zhongguo Zhengzhi

出版发行	中国人民大学出版社		
社　　址	北京中关村大街 31 号	**邮政编码**	100080
电　　话	010－62511242（总编室）		010－62511770（质管部）
	010－82501766（邮购部）		010－62514148（门市部）
	010－62515195（发行公司）		010－62515275（盗版举报）
网　　址	http://www.crup.com.cn		
	http://www.ttrnet.com(人大教研网)		
经　　销	新华书店		
印　　刷	涿州市星河印刷有限公司		
规　　格	160 mm×235 mm　16 开本	**版　　次**	2018 年 8 月第 1 版
印　　张	14.75	**印　　次**	2018 年 8 月第 1 次印刷
字　　数	200 000	**定　　价**	48.00 元